キャッシュフローから逆算する！

店舗ビジネス「財務」の教科書

店舗専門財務コンサルタント
越阪部龍矢

同文舘出版

はじめに

「今日もエリア売上1位だったよ」

学生時代、アルバイト先の社長がよくうれしそうに言っていたセリフです。

当時、私はフランチャイジー（フランチャイズの加盟店）として店舗を運営している、とある飲食チェーンに勤めていました。私が働いていた店舗は売上も上々。日々お客様も絶えず、他の加盟店より高い売上を誇り、エリア内でも常に売上ランク上位の店舗でした。

その勢いに乗って、わずか数年の間に2店舗、3店舗と店舗数を拡大。誰もが順調にいっていると思っていた矢先、店舗を運営していた会社が突如、経営破綻してしまったのです。あまりにも急な出来事でした。

それから年月が経ち、奇しくも私は今、店舗系ビジネス専門の財務コンサルタント・行政書士として活動しています。飲食店、美容サロン、フィットネスジム、調剤薬局、不動産屋など店舗系の会社9社の財務顧問をしているほか、年間200社以上の会社の資金繰り・資金調達の相談に乗るなど、多くの会社の財務状況を見させていただいています。

そんな私だからこそ、今ではハッキリ断言できます。**店舗系ビジネスでは、いくら売上があっても「財務」を知らないと会社にお金は残らない**のです。

もちろん、売上を上げる能力は絶対に必要ですし、高いに越したことはありません。この本を手に取っていただいているような勉強熱心な方であれば、すでに自身の店舗もある程度うまくいっており、売上アップは得意だという方も多いと思います。

しかし、〝攻め〟の施策が得意な反面、「財務みたいな〝守り〟は苦手で、特に何も手をつけていない」という状態だと、せっかく稼いだお金もあっという間に消えてしまい、**「儲かっているはずなのに、なぜか思うほど会社にお金が残っていない」「黒字のはずなのに、なぜか資金繰りに追われ、突発的に大きな支払いが必要になるといつも焦る」**ということも少なくありません。

私自身、日々の相談を受ける中で、こうしたモヤモヤを抱える社長を多く見てきました。せっかく売上を上げる力があるのに、稼いだお金をうまく管理して残すことができなければ、これほどもったいないことはありません。逆に、こうした方が財務を知ってさえいれば、会社にお金を残しつつ成長のスピードを加速させることも可能になり、まさに鬼に金棒なのです。

本書では、すでに1～3店舗経営しており、これから5店舗、10店舗、30店舗とさらなる多店舗展開を目指している方、またはこれから店舗経営を始めてどんどん多店舗展開を進めていきたいという方向けに、店舗経営に必要な財務についての考え方と具体的な実践方法について、図表や事例を用いてできるだけわかりやすくお伝えしていきます。

本書の特徴は3つあります。

①断片的な情報ではなく、店舗経営に必要な財務の知識を体系的に学べる

昨今の情報社会の中では、経営や財務に関する情報や本は多く溢れています。ただ、世の中にある情報のほとんどが断片的で、かつ誰向けの情報かもはっきりしていません。

当然、財務戦略を考えるときも、1人で起業できて、店舗も機材もいらないコンサルタントのような職業と、スタッフが必要で、店舗や機材に大きな資金がかかる店舗系ビジネスとでは、打つべき戦略も大きく変わってきます。

そこで本書では、店舗経営をしている方や、多店舗展開を目指している方に必要な財務について、筆者が日々店舗系ビジネスを支援している中で得た実践的な経験をもとに、体系立てて1冊にまとめました。他の業種とは異なる、**店舗系ビジネス特有の財務のポイント**をお伝えしていきます。

②財務テクニック論ではなく、一生涯使える財務経営の考え方が身につく

この本を手に取っていただいたということは、みなさんも財務に対して少なからず興味があり、ご自身でもインターネットやSNS等で勉強されているかもしれません。ただ、ネットやSNSにある情報の多くが「社長の手取りを最大化させるスキーム」や「法人税を圧縮させる節税方法」など、テクニック論に終始するものです。これを否定するつもりはありませんが、本書では語りません。

「節税」や「裏ワザ」というのは多くの方の目を引く内容なので、ネット上ではこうした情報が打ち出されがちです。しかし、制度が変われば使えなくなり、どうしても情報に期限があります。それに、そもそも財務の正しい考え方を知らずに表面上のテクニックに走ってしまうと、かえって会社の資金繰りを悪化させてしまうこともあります。

そこで本書では、こうしたテクニック論ではなく**一生使える財務経営の正しい考え方**についてお話ししていきます。

③理解してもらうことを最優先し、できるだけシンプルにお伝えしている

この本では、財務経営の基本となる「キャッシュフロー」の考え方を中心に、店舗経営の財務戦略についてお伝えしています。ただ、「キャッシュフロー」や「財務戦略」と聞くと、「なんだか難しくて、自分にはわからなさそう」「数字が苦手でずっと避けてきたからムリ！」というふうに敷居が高く感じられる方もいるかもしれません。

確かに、企業の財務は複雑です。１００％厳密に理解しようとすると簡単ではありません。

そこで本書では、「店舗経営者に理解してもらうこと」を主眼に置いています。**財務に興味を持った店舗経営者のための基本の1冊**として、難しすぎる理論や数式、財務指標はできるだけ避け、財務の知識がほとんどない方でも理解できるように注力しました。

そのため、内容も極力シンプルに、財務の考え方の中でも店舗経営者にとって重要ではない情報はあえて削ぎ落とし、みなさんが経営判断を行なうにあたって**本当に必要な情報だけ**をまとめています。難しい理論が苦手な方でも楽しく学んでいただけたらと思います。

また、本書の後半では、私が実際に顧問先の社長と一緒に取り組んでいる具体的な資金繰り管理の実践方法や管理表のフォーマット等も紹介しているので、最後まで読んでいただけると、その日から財務管理・財務改善の実践に移れるような実務的な内容に仕上げて

います。

本書を読んでいただくことで、次のような効果が期待できます。

・会社にお金を残すための財務の仕組みがわかる
・店舗経営者に必要な目線から決算書が読めるようになる
・設備購入やスタッフ増員などの投資が数字を根拠に判断できるようになる
・多店舗展開をし続けるための銀行との付き合い方がわかる
・具体的な財務管理の実践方法がイメージできるようになる
・将来残るお金から逆算して経営戦略を考えることができるようになる

世の中の店舗経営者、ならびに店舗経営者を目指すみなさんのために、経営判断の役に立つ「財務のバイブル」となることを願って綴っています。ぜひ、お役に立てていただければうれしいです。

株式会社Confires、OSA行政書士事務所 代表　越阪部龍矢

序章

店舗経営で必要な「財務」の基本

第1章

利益より大事な店舗経営の「キャッシュフロー」

第2章

会社にキャッシュを残すための店舗経営の「利益」

第3章

キャッシュを残しつつ拡大していく店舗経営の「投資」

第4章

3・5・10店舗を出すための店舗経営の「調達」

第5章 キャッシュフローを見える化する店舗経営の「資金繰り表」の作り方

第6章 ケース別 キャッシュから逆算する財務経営の実践方法

カバー・本文デザイン、DTP　三枝未央

序章

店舗経営で必要な「財務」の基本

1 「繁盛店＝儲かっている」ではない!?

『儲かっている会社』とは、いったいどういう会社だと思いますか？」

この質問をすると、多くの社長が「売上が大きい会社」「店舗数を増やし続けている会社」と答えます。仲間の経営者から「○○さんのところは年商10億円もあってスゴイですね！」「3年で5店舗も展開して、さすがです！」といったように比較される部分でもあるので、一番気にしているという方も多いのではないでしょうか。

しかしながら、ここに財務の落とし穴があります。実は、**いくら売上があっても、店舗数を増やしていても、「儲かっている」とは全く別の話**なのです。

私は職業柄、日々多くの店舗系ビジネスの決算書を見させていただきます。すると不思議なことに、「売上は伸び続けているけれども、実は会社のお金は常にカツカツだ」という社長からの相談も多くいただきます。

意外かもしれませんが、お店が大人気で多店舗展開に成功しているような会社でも、**裏**

では資金繰りに悩んでいるというケースは非常に多いのです。

実際に過去、私のところにご相談いただいた方の話をします。

その社長は飲食業で14店舗・5ブランドを展開しており、地元では「成功している社長」として有名な方でした。しかし、裏では実は資金繰りに追われ、消費税納税などまとまった支払いがあるたびに「今月は大丈夫だろうか」と焦りを感じています。売上は上々なのに、手元のお金は毎月の支払いで減っていく一方で、なんとか銀行を回ってお金を借りることで凌いでいます。

それでも店舗数は増え拡大を続けているので、日々出ていくお金の動きが大きくなり、精神的な負担も大きくなります。そして資金繰りの悩みを周りの経営者仲間に打ち明けることもできず、誰も知らないところで一人孤独に抱えてしまう……。

いくらお店が繁盛していても、このような状況では「儲かっている」というイメージからは程遠いと思います。安定して経営を続けるためには、「売上」や「店舗数」のこともちろん大事ですが、それらと並んで、「財務」についても知っておかないといけないのです。

2 店舗系ビジネスを財務視点で見た3つの特性

店舗経営に必要な財務を学ぶ前に、まずは店舗系ビジネスが財務の観点でどういった特徴を持つのかを知っておきましょう。

店舗系ビジネスに共通する財務面の特徴は、

- **初期投資がかかる**
- **固定費がかかる**
- **銀行借入額が大きい**

以上の3つが挙げられます。

1つずつ、詳しくお伝えしていきましょう。

・初期投資がかかる

店舗を持つということは、どうしても初期投資としてまとまった金額が必要になります。具体的にいうと、物件取得費、内装工事費、機械装置、什器備品といったお金が必要になります。

店舗をオープンする際には、これらをまかなうために多くの資金が必要になり、かかった費用はオープン後に店舗が出す利益から回収していかなければいけません。仮にオープン後の店舗が利益トントンだったとすると、純粋に初期投資の分が損になるので、その投資は失敗だったということになります。

また、同じ初期投資だとしても、たとえば運送業を営むのにトラックやバスを購入するようなケースとは勝手が違います。トラックやバスであれば、仮に事業がうまくいかずに撤退するとしても、その資産を売却することでいくらかは損失分を回収することができますが、店舗の場合はそうはいきません。多くの場合、赤字になってしまった店舗は売却しても値はつきませんし、さらにいえば撤退のためにスケルトン戻しなどの追加費用が発生してしまいます。

・固定費がかかる

店舗系ビジネスは他の業種よりも比較的多くの固定費がかかります。大きなものでいうと、店舗に立つスタッフの給与や社会保険料、店舗の家賃、店舗で使う機械のリース料、水道光熱費といった費用が挙げられます。

そもそも初期投資をかけている以上、店舗をオープンしたあとは利益を出して初期投資分を回収していかないといけないのですが、経常的に発生する固定費を管理せずに営業していると、せっかく売上が増えても同じように固定費も膨らみ、十分な利益を出すことができなくなってしまいます。

さらにいえば、店舗数が増えれば増えるほど、本社（管理部門）の固定費もかさみます。本社の固定費の例としては、各店舗を横断的に管理する中間管理職の人件費、マーケティングや人事担当スタッフの人件費、事務所の家賃、システム利用料などが挙げられます。多くの店舗系ビジネスにおいて、本社は固定費がかかるのみで売上を生むことはないので、本社の固定費も各店舗の利益からカバーしないといけません。

・銀行借入額が大きい

店舗経営をしていると、嫌でも銀行との付き合いは重要になります。新店舗を出すときには数百万〜数千万円、場合によっては数億円単位の資金が必要になりますので、自己資金だけで出店しようとすると店舗を開くまでに途方もない時間がかかってしまいます。

また、店舗で使う機械の修繕や買い替え、内装のリニューアルなどで絶えず資金需要が発生するので、銀行から資金を借りることができなければ思うような店舗展開ができなくなってしまいます。

さらに、銀行からの借入額が大きくなるということは、それに伴い毎月の返済額も大きくなるので、十分に返済ができるような利益構造を作らないと手元のお金はどんどん減ってしまうことになります。

このように、店舗系ビジネスでは、**投資や利益、銀行戦略などの財務について考えることが他の業種以上に重要**になってきます。

3 資金繰りに困る店舗経営者が陥りがちな3つの勘違い

資金繰りに困る店舗経営者には、共通項があります。

財務について特に考えることなく経営してきた社長は、以下に挙げるような勘違いに陥ってしまっているケースが多いので、まずはご自身が当てはまっていないか、チェックしてみてください。

勘違い① 「数字なんて見なくても大丈夫」

世の中には、数字を見るだけで嫌な気持ちになる「数字アレルギー」の店舗経営者も少なくありません。そういった方ほど「数字なんて見なくていい」「数字を見なくても、現場の感覚があれば大丈夫」という考えを持っています。

確かに、これまでは社長の抜群のセンスと肌感覚で、数字を見なくてもなんとかやってこれたかもしれません。実際、1～2店舗までは財務を意識しなくてもなんとかなることもあるでしょう。

しかし、**同じような発想で数字を見ずに3~5店舗まで拡大した結果、一気に資金繰りが悪くなってしまうという**ケースが非常に多いのです。

過去、私のところにご相談いただいた例をご紹介します。

飲食店を3店舗経営している社長からのご相談です。この会社は、1店舗目がうまくいったことから2店舗目・3店舗目を同時期に連続で出店しました。まさに「数字なんて見なくていい」というタイプで、店舗別で損益を管理しておらず、さらにいえば毎月の月次決算も行なっていなかったため、新規でオープンした店舗が実は不採算だったということに気づくのが遅れ、しばらくズルズルと赤字を垂れ流していました。

そんな中、新店舗オープンのために借りた融資の返済も始まり、出ていくお金はどんどん増えていきました。資金繰りに余裕がない中で焦りが生じ、既存店へのフォローも疎かになってしまいます。結果として、このような状況下で既存店の責任者が退職し、オペレーションも乱れ、余計に資金繰りが苦しくなるという事態に陥ってしまいました。

確かに、社長が現場に深く入り込める規模のときは数字を意識しなくてもなんとかなるかもしれません。お金の動きもシンプルで、かつ社長自身で把握できる範囲なので、細かい数字管理はせずとも感覚だけでうまくいったかもしれません。

しかし、店舗数が増え、年商規模も億単位になってくると、どうしても各店舗の利益の実態が見えづらくなってしまいます。そのほか、銀行への返済などで出ていくお金もかさみ、これまで以上にシビアな数字の管理が必要になります。

勘違い② 「ウチは税理士に任せているから大丈夫」

日々店舗経営者とお話しさせていただく中で、かなりの確率で「財務のことはよくわからないけど、ウチは顧問税理士に見てもらっているから大丈夫」と口にする方と遭遇します。

確かに、お金のことは顧問税理士が見てくれているというイメージがあるかもしれませんが、はたして本当にそうでしょうか？

税理士との顧問契約の内容は、あくまでも会計や税務の部分が基本です。会社の日々のお金のやり取りを記帳して、会計帳簿を作って、納税額を算出するのが顧問契約で請け負っている仕事です。一般的には、顧問税理士が任されているのは過去の会計の部分なのです。

それに対し、財務は**未来の数字**を扱います。過去の数字をベースとしたうえで、将来の数字を予測し、未来に向けた財務戦略を考え、事業計画や行動計画を立てていくことが財務なのです。

社長としては「財務のことは税理士に任せるから、うまいことやってほしい！」と思うかもしれませんが、そういうわけにはいきません。なぜなら、未来の戦略は第三者が決めることではなく、**社長が自分の意思をもとに決める**ことだからです。取るべき財務戦略は、社長自身が考える将来の出店計画や、事業を通じて成し遂げたいビジョンによって変わってきます。

たとえば、積極的に多店舗化を進めて成長していきたいイケイケタイプの社長なのか、それとも店舗数はそこそこに、会社に残るお金を最大化させていきたい堅実タイプの社長なのかによって、最適な設備投資や資金調達の戦略も変わります。

このように、**財務とはそもそも顧問税理士に丸投げでなんとかなる性質のものではない**のです。

それなのに、社長としては任せた気になってしまい、フタを開けてみると、結局のところ誰も財務を考えていない宙ぶらりん状態になってしまっているのが、多くの中小店舗系ビジネスの実情です。

勘違い③　「できれば無借金経営のほうがいい」

特にこれまで融資を受けることなく事業を進めてきた社長は「なるべく銀行からの融資を受けることなく、自前の資金だけで経営するほうがいい」という発想に陥ってしまいがちです。中には、資金繰りに余裕が出てくると、「金利がもったいない」といって繰上げ返済を考える方もいます。

確かに、お金を借りるというとなんとなく怖いイメージを持つかもしれませんし、借金があることは心のどこかで抵抗感があるかもしれません。しかし、店舗経営を行なっていくにあたって、正しく融資を活用することは**むしろリスク回避の手段**として機能します。

出店などの設備投資をする際には、銀行融資を正しく活用すれば、手元のお金を減らさずに済みます。また、たとえ設備投資をする予定がなくても、銀行からお金を借りて手元の余剰資金として残しておくだけで企業の安全性は格段に上がります。確かに借金は増えていますが、同時に手元のお金も増えるので、企業の安全性は上がるのです。

仮に左の2つの会社があったとして、安全性が高いのはどちらの会社だと思いますか？

- **会社A：手元資金1000万円、銀行からの借入金0円**
- **会社B：手元資金5100万円、銀行からの借入金5000万円**

確かに会社Aは無借金経営をしていますが、手元のお金は100万円しかありません。これでは、突発的な費用が発生したときに支払えなくなってしまうかもしれません。かたや会社Bは銀行から5000万円借りていますが、手元のお金は5100万円あります。この状態であれば、仮に大きな支出があったとしても、すぐに経営が揺らぐことはないでしょう。

会社が存続し続けられるかどうかは、あくまでも手元にお金があるかどうかが大事なのです。たとえ借りたお金であろうが、自前で用意したお金であろうが、手元にお金があるということには変わりはありません。

さらにいえば、日頃から融資を受けておくことで銀行との関係性を築くことができます。銀行がより評価するのは、過去に取引実績がない無借金の会社ではなく、**これまで何度か融資を受けてきちんと返済し続けている**実績のある会社です。銀行に対して返済実績を積めば積むほど信用が蓄積され、より多額の融資が受けられるようになります。

さらに関係値が上がれば、金利や保証に関してより良い条件で融資が受けられるようにもなります。

銀行は、どうしても取引実績のない会社に対しての融資には及び腰になります。特に、赤字が続いていたり、資金繰りに逼迫していたりする状況であればあるほど融資には慎重になります。

世の中の社長の中には「困ってから借りればいいや」と考えている方もいらっしゃいますが、いざ本当に困ったときに取引実績のない銀行に相談したところで、銀行は支援してくれません。そんなときに、すでに銀行との関係性が築けていて返済実績もあれば、たとえ業績が落ち込んでいたとしても、これまで築いてきた信用で融資を受けられる可能性が出てきます。

確かに、無借金経営は一見理想的に見えるかもしれませんが、実際には**銀行融資をうまく活用し、長期的に銀行との協力関係を築いたほうが、会社のリスク回避にもつながる**のです。

4 店舗経営に必要な財務の全体像

ここまで読んでいただいて、「財務が大事なのはなんとなくわかったけど、具体的にどんなことを考えればいいの？」と疑問に思う方もいるかもしれません。

そこで、個別具体的な話に入る前に、まずは店舗経営の財務戦略の全体像からお伝えします。

次ページの図1は、本書でお伝えする店舗経営の財務について図解化したものです。本書はこの財務の全体像の各項目について、それぞれの章で掘り下げて解説する構成になっています。

まず、第1章でお伝えするのが、店舗経営の財務を考えていくにあたって肝となる概念、**キャッシュフロー**です。とにもかくにも、キャッシュフローを知らないことには財務は考えられません。

● 図1　店舗系ビジネスの財務の全体像

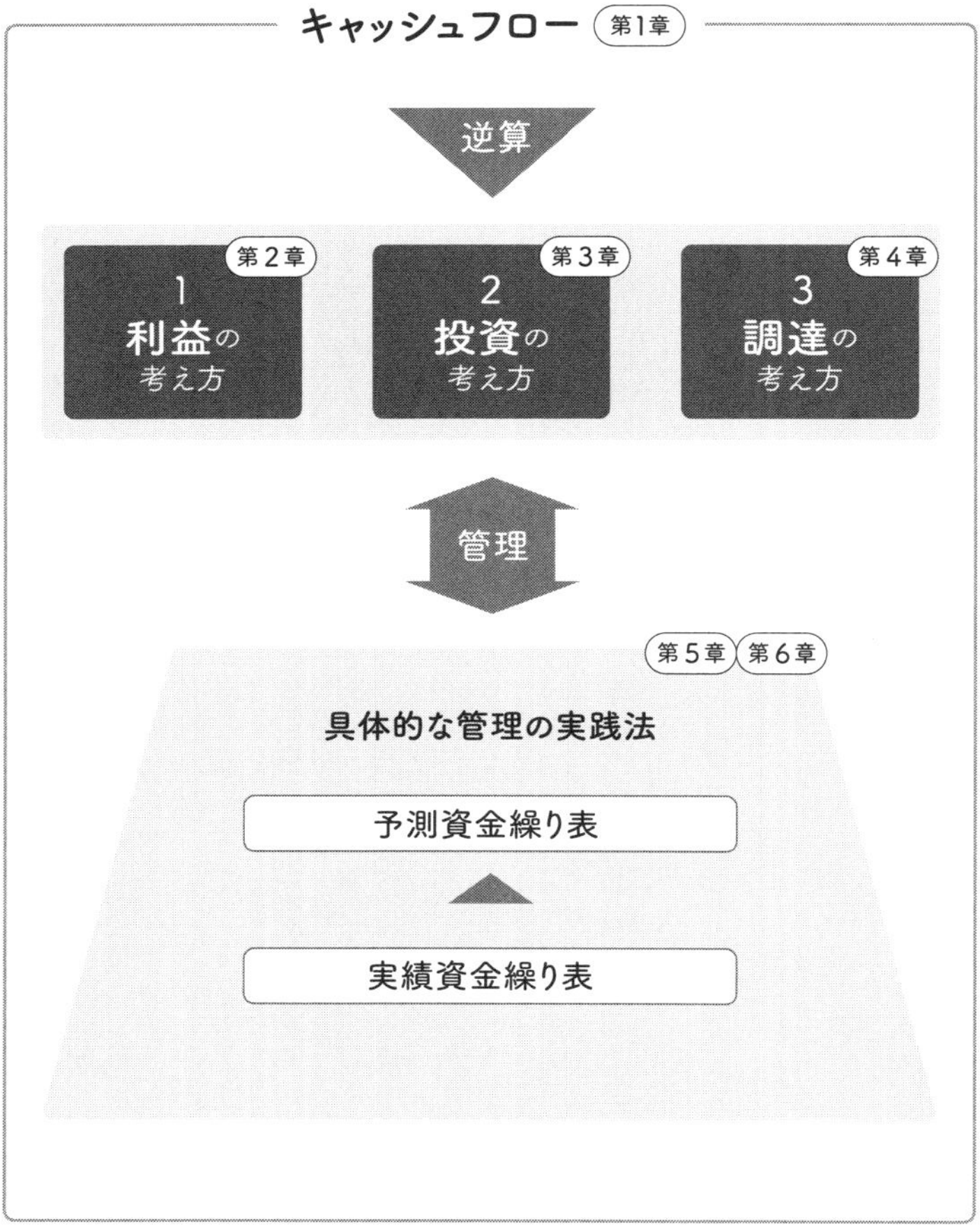

そのうえで、店舗系ビジネスにおいて重要な財務の3つの要素について、第2章で**利益**、第3章で**投資**、第4章で**調達**を掘り下げてお話しします。

そして、これら財務の考え方を実際の経営に活かすためには、日々の「財務管理」が欠かせません。第5章からは具体的な財務管理の実践方法についてお伝えします。

第5章では、会社のお金の動きを管理していくための**資金繰り表**の作り方と読み方について解説。最後の第6章ではケーススタディをもとに、**予測資金繰り表**を用いて経営判断を行なう方法についてお伝えしていきます。

これらの「考え方」や「財務管理の実践法」が欠けることなく機能して初めて、財務を意識した経営ができるようになります。その結果として、**毎月会社にキャッシュが貯まり、多店舗展開をスピーディーに進められる**ような体制が整います。

次章から、各要素の具体的なノウハウについて入っていきます。ぜひ、この全体像をイメージしながら読み進めてみてください。

第1章

利益より大事な店舗経営の「キャッシュフロー」

1 いったいなぜ!? 黒字なのにお金が残らない

この章では、店舗系ビジネスの財務において一番はじめに知っていただきたい「キャッシュフロー」の考え方について、詳しくお伝えします。

前章1項で、いくら「売上」や「店舗数」があっても「儲かっている」のとは別、というお話をしました。この話をすると、「なるほど、確かに売上や店舗数があっても、利益が出ていなければ儲かっているとはいえないな」と思われるのではないでしょうか。

もちろん、利益は非常に重要です。しかし、実は店舗系ビジネスの財務を考えるうえで最も重要なことがあります。それは、**たとえ利益が出ていても「儲かっている」とは限らない**ということです。

「黒字倒産」という言葉をご存じでしょうか。東京商工リサーチの調査によると、実は倒産する企業のうち4～5割は、**黒字なのに倒産している**という事実があるのです。

企業がなぜ倒産するかというと、答えはシンプルで「手元のお金が尽きて支払不能になったから」です。

いくら売上が高くても、利益が出ていても、手元の現預金が尽きればそこで事業活動は終了です。逆にいえば、手元にお金がある限り会社は続きます。そして手元にあるお金を増やすことができれば事業をさらに発展させ続けることもできます。

つまり、店舗経営者が一番気にしなければならないのは、「売上」でも「店舗数」でも「利益」でもなく、**手元のお金が増えたかどうか**です。

断言しますが、本当の意味で儲かっている会社とは、**お金を増やし続けている会社**です。

ではなぜ、利益が出ているのにお金が残らないということが起こりうるのでしょうか？

その理由は、これからお伝えする「利益」と「キャッシュフロー」の違いにあります。

キャッシュフローというのは、**会社のリアルな現預金（キャッシュ）の流れ**を指します。会社が事業を行なった結果、事業の収入から支出を差し引いて現預金が増えていれば、キャッシュフローがプラスの状態です。

世の中の社長の多くは、利益とキャッシュフローを混同しています。この混同こそが、「利益が出ているのにお金が増えない」状態を引き起こしている原因なのです。経営の現場では、利益が出ているので安心していたら、実はキャッシュフローはマイナスでお金は減っていたということもよく起こっています。逆に、赤字だけれどもキャッシュフローはプラスで、実はお金は増えているということもあるのです。

このように、**「利益」と「キャッシュフロー」は別物だと理解することが、お金を増やせる会社になるための第一歩**です。

では、利益が出ているのにキャッシュフローがマイナスという状態は、いったいなぜ起こりうるのでしょうか。それはシンプルに**「利益に影響しないお金の出入り」がある**からです。この「利益に影響しないお金の出入り」を知ることで、会社のキャッシュフローが理解できるようになります。詳しくは次項で掘り下げていきましょう。

2 店舗経営で利益とお金がズレる4つの原因

店舗系ビジネスにおいて、「利益に影響しないお金の出入り」とは、主に次の４つです。

- **掛取引**
- **設備投資**
- **元金返済**
- **在庫**

まさに、これらが「黒字なのにお金が残らない」状態を引き起こしている犯人たちです。

利益とお金がズレる原因①　掛取引

店舗系ビジネスで利益とお金がズレる原因のひとつが、売掛金などの掛取引です。

一般的に現金販売の割合が多い店舗系ビジネスでは、建設業や卸売業など他の業種のように売掛金と買掛金の収支ズレが資金繰りの命取りになるようなケースは比較的少ないほうです。しかし、それでも、「クレジット決済」「会費徴収システムからの入金」「医療系ビジネスでの保険請求」など、売掛金が発生するケースはあります。

売掛金が発生する場合、**会計のルール上は販売した時点で売上として計上**されます。つまり、サービス提供が9月で入金が10月であれば、9月の売上として扱われます。そのため9月は売上が増え、その分利益も出ていますが、肝心のお金はまだ入ってきておらず売掛金として残っている状態です。

図2は、1年目から5年目にかけて毎年300万円の利益を出している会社です。

利益は毎年一定の300万円ですが、売掛金の増減分だけキャッシュフローは大きく変わります。1年目は売掛金が500万円増えていますが、売掛金が増えたということは、「売上は上がっているものの未入金の分が増えた」ということになります。つまり、利益は300万円出ていても、500万円が未入金として残っているので、キャッシュフローは▲200万円（利益300万円－売掛金増加分500万円）となります。

2年目は逆に売掛金が500万円減っています。つまり、未入金だった500万円が

図2　売掛金の増減があったときの利益とキャッシュフロー

	1年目	2年目	3年目	4年目	5年目
利益	300万円	300万円	300万円	300万円	300万円
売掛金の増減	＋500万円	－500万円	＋400万円	－300万円	＋100万円
キャッシュフロー	▲200万円	＋800万円	▲100万円	＋600万円	＋200万円

売掛金（未入金）が
増えた分
キャッシュは少ない

売掛金（未入金）が
減った分
キャッシュが多い

入ってきたということです。この分は入金こそ2年目ですが、売上自体は1年目に計上されているので、2年目の利益には影響しません。そのため、2年目の利益が300万円だとすると、キャッシュフローは利益よりも500万円多い＋800万円（利益300万円＋売掛金減少分500万円）となります。

　このように、**売掛金の増減分だけ利益とキャッシュフローがズレる**ことになります。

　また、売掛金だけでなく、仕入支払いに関する買掛金も同様です。キャッシュフローを考えるうえでは、こうした掛取引によるズレを考えないといけないのです。

利益とお金がズレる原因②　設備投資

内装工事や機械装置などの設備を購入した場合、購入金額がそのまま費用になるかというと、実はそうではありません。「減価償却」という会計のルールに則って、その機械を使う年数に応じて分割して費用に入れていきます。

たとえば1000万円の機械を購入したとして、もし減価償却をせずに購入した年に一括で1000万円を費用に入れてしまうと、その年だけ機械購入の分が大幅な赤字になり、逆に次の年以降はその機械が利益を生むので大幅な黒字になってしまいます。

これだと、その企業が本当に儲かっているのかどうか実態がわからなくなるので、会計上は減価償却費として、分割して費用計上していくのがルールになっています。

図3をご覧ください。1年目のはじめに500万円の機械を購入したとします。機械の耐用年数が5年だとして、5年間かけて減価償却した場合、毎年100万円を減価償却費として費用計上していきます。この会社が1年目から5年目にかけて毎年300万円の利益を出したときのキャッシュフローはどうなるでしょうか。

まず、1年目は利益が300万円出ていますが、この年に500万円の機械を購入しているので、利益300万円−機械500万円＝▲200万円となります。

図3　設備投資を行なったときの利益とキャッシュフロー

	1年目	2年目	3年目	4年目	5年目
利益	300万円	300万円	300万円	300万円	300万円
設備購入金額	500万円	0	0	0	0
減価償却費	100万円	100万円	100万円	100万円	100万円
キャッシュフロー	▲100万円	＋400万円	＋400万円	＋400万円	＋400万円

設備投資の分だけお金が減った

減価償却費の分はお金は減ってない

ただ、利益３００万円を計算する際には減価償却費という費用が１００万円含まれています。減価償却費は会計上のルールに則って入れているだけの費用なので、この分の１００万円はリアルにお金が出ていったわけではありません。そのため、キャッシュフローを計算するうえでは、この分を利益に足して計算します。

そうすると、１年目のキャッシュフローは、利益３００万円－機械５００万円＋減価償却費１００万円＝▲１００万円となります。

次に、２年目以降を見てみましょう。

２年目以降も３００万円の利益が出ていますが、１年目と同様に減価償却費が

100万円計上されています。そこで減価償却費の分を利益に足して計算すると、2年目以降のキャッシュフローは、利益300万円＋減価償却費100万円＝400万円ということになります。

ここで、利益とキャッシュフローを比べてみてください。利益は毎年300万円ですが、キャッシュフローはそうではありません。1年目から5年目にかけて、毎年利益とキャッシュフローにズレが生じていることがわかります。

今回の例は設備投資が1つのみでシンプルでしたが、実際の会社では複数の設備があり、毎年のように新たな購入や入れ替えも行なわれます。このような**設備投資が繰り返される中で、どんどん実態のキャッシュフローが見えなくなってしまう**のです。

利益とお金がズレる原因③　元金返済

みなさんが銀行に対して毎月支払っているお金は、元金と利息に分けられます。元金とは借りたお金を銀行に返している分のことで、たとえば借入期間が5年（60ヶ月）であれば、基本的には60回に分割して毎月一定の金額を返済することになります。

ここでポイントになるのは、**銀行へ支払う利息は費用になるものの、「元金返済」は費**

●図４　元金返済を行なったときの利益とキャッシュフロー

	1年目	2年目	3年目	4年目	5年目
利益	300万円	300万円	300万円	300万円	300万円
元金返済額	500万円	500万円	800万円	800万円	800万円
キャッシュフロー	▲200万円	▲200万円	▲500万円	▲500万円	▲500万円

返済の分だけ
お金が減った

用にならないという点です。

会計処理上、利息は営業外費用となり、利益に影響します。支払う利息が大きくなると、その分利益は減ることになります。それに対し、元金返済は利益には全く影響はありません。銀行への返済がいくら大きくなっても、利益は1円たりとも少なくならないのです。

つまり、たとえいくら利益が出ていたとしても、それ以上に返済をしていたとすれば、会社のキャッシュはみるみる減ってしまうのです。

図4をご覧ください。この会社は毎年300万円の利益が出ている会社です。

一見すると黒字で良い会社のように思え

るのですが、1年目から2年目にかけて、銀行へ年間500万円の元金返済をしています。この状態だと300万円の利益を出していても、そこから500万円の返済をしているので、キャッシュフローは利益300万円－元金返済500万円＝▲200万円となります。

さらに3年目以降、毎年の返済額が800万円になったとすると、キャッシュフローは利益300万円－元金返済800万円＝▲500万円となります。

特に多店舗展開している会社であれば、融資も1本ではなく複数本受けている会社のほうが多いと思います。そうなると、元金返済という利益には現れない支出がどんどん膨らみ、会社のお金の実態が見えづらくなってしまうのです。

利益とお金がズレる原因④　在庫

在庫と聞くと一見地味に思えるかもしれませんが、実は資金繰りに与える影響はかなり大きいものです。特に、店舗系ビジネスの中でも原価率の高い業種（小売店、アパレル、調剤薬局など）の場合、在庫が及ぼす影響はより大きなものになります。

まず、絶対的なルールとして知っていただきたいのが、**在庫は仕入れただけでは原価に**

ならないということです。

売上原価とは、あくまでも売上に対してかかった費用をいいます（詳しく知りたい方は簿記を学ぶとわかります）。

たとえば、「1個100円の商品を5個仕入れて500円支払い、そのうち3個が売れた」という場合、売上原価に計上するのは、売れた3個分の仕入代金である「100円×3個＝300円」です。残りの200円については、費用ではなく在庫（棚卸資産）として決算書に載ることになります。この場合、売上原価として費用になるのは300円ですが、実際のお金としては仕入代金として500円出ていっていることになります。

つまり、いくら多くの仕入を行なったとしても、売れずに在庫として残る分には原価には入らないので、たとえ利益が出ていてもキャッシュが減ることになってしまいます。

毎年300万円の利益を出している会社で、次ページ図5のような在庫の増減があったとします。この場合、在庫が増えた年は、その分仕入が多くなっているのでキャッシュが減り、逆に在庫が減った年は、その分仕入が抑えられているのでキャッシュが増えることになります。

このように、在庫は資金繰りを考えるうえでとても影響が大きいのですが、つい見落と

●図5　在庫の増減があったときの利益とキャッシュフロー

	1年目	2年目	3年目	4年目	5年目
利益	300万円	300万円	300万円	300万円	300万円
在庫の増減	＋500万円	－500万円	＋300万円	－300万円	＋800万円
キャッシュフロー	▲200万円	＋800万円	±0	＋600万円	▲500万円

在庫が増えた分お金が減った

在庫が減った分お金が減らずに済んだ

しがちです。発注を現場に任せきりにしていると、現場の店長としては「お店の在庫を多く持っておきたい」という心理が働くので、ムダな在庫が膨らみ、キャッシュフローに悪影響が出てしまうのです。

ここまで、掛取引、設備投資、元金返済、在庫という店舗系ビジネスで利益とお金がズレる4大原因について説明してきました。

それぞれ個別にお話しすると、「なんだ、そんなことか」と単純に思えるかもしれませんが、実際に店舗経営をしていく中ではこれら4つの要素が複雑に絡み、キャッシュフローが見えなくなってしまうのです。

試しに、図6を見てみてください。これ

●図６　４つの要素が絡んだときの利益とキャッシュフロー

	1年目	2年目	3年目	4年目	5年目
利益	300万円	300万円	300万円	300万円	300万円
売掛金の増減	＋500万円	－500万円	＋400万円	－300万円	＋100万円
在庫の増減	＋500万円	－500万円	＋300万円	－300万円	＋800万円
減価償却費	100万円	100万円	100万円	100万円	100万円
設備購入金額	500万円	0	0	0	0
元金返済額	500万円	500万円	800万円	800万円	800万円
キャッシュフロー	▲1600万円	＋900万円	▲1100万円	＋200万円	▲1300万円

まで説明してきた４大原因の例をすべてミックスしたものです。数字の羅列で目をそらしたくなるかもしれませんが、細かいところは見なくて大丈夫です。表の一番下のキャッシュフローの数字だけ注目して見てください。

１年目から５年目にかけて、利益は毎年一定の３００万円ですが、キャッシュフローは大きくズレているということがわかります。実は、**みなさんの会社でもこれと同じことが起こっている**のです。

さらにいえば、実際の経営の現場ではもっと複雑です。この表では加味していなかった買掛金の増減も考えないといけないほか、設備投資は年に複数回行ない、減価償却額も年度によって変わります。

銀行借入は1本ではなく複数本をいろいろな銀行から借りているので、その分複雑ですし、新規借入や借換のことも考えないといけません。さらに、在庫も日々の発注と販売が繰り返される中で絶えず増減しています。

「うちは黒字のはずなのに、なぜか手元にキャッシュがない」という現象が起こってしまう理由はまさにここにあります。上述したような要因が複雑に絡んだ結果として、利益だけを見ていても会社のお金の動きがわからなくなってしまうのです。

さらにいえば、たとえ手元にキャッシュが残っていなくても、「利益」という「会計上の儲け」は出ているので、無慈悲なことに、その儲けに対して税金がかかってきます。「手元にお金がないのに、こんなに多額の納税をするなんていったいどうしてだ」と思うかもしれませんが、それはまさに利益とキャッシュの違いによるものです。

会計の格言で、**「利益は意見、キャッシュは事実」**という言葉があります。この言葉の通り、利益というのはあくまでも会計のルールに則って計算された、会社の（理論上の）儲けを表す概念でしかありません。儲けをどのように解釈するかによって利益の金額も変わってきます。

それに対し、**キャッシュフローというのは嘘偽りのないリアルなお金の流れ**を指します。

たとえどんなに利益を出していても1年前と比べてキャッシュが増えていない、それどころかむしろ減ってしまってはどうでしょう。確かに黒字企業ですが、キャッシュフローはマイナスで「資金が足りないかも」という不安が常につきまといます。これではせっかく黒字でも、全く健全な状態ではないですよね。

本当の意味で儲かる会社になるためには、利益ではなくキャッシュフローに着目する必要があるのです。

3 店舗経営でキャッシュはいくら必要？

前項では、売上や利益よりもキャッシュフローが重要という話をしました。結局のところ、**店舗経営で一番大事な勘定科目は現預金、つまりキャッシュ**です。

では、店舗経営を進めていくうえで、いったいいくらのキャッシュを持てばいいでしょうか。ひとつの基準として、**月商に対して手元キャッシュがいくらあるか**で考えるとわかりやすいでしょう。

- **月商の1ヶ月分：危険水域、思わぬ出費で資金ショートの危険性があるレベル**
- **月商の2ヶ月分：最低限事業活動を続けていくためにはほしいレベル**
- **月商の3ヶ月分：攻めも守りも十分にできるレベル**

大まかに、このような基準で捉えてみてください。現在の手元キャッシュが月商1ヶ月分未満の方はまず１ヶ月分を目指してみる、手元キャッシュが月商２ヶ月分未満の方はまず２ヶ月分を目指してみる、といったようにキャッシュベースでの目標設定をするといいでしょう。

最終的には、**常に月商の３ヶ月分以上のキャッシュが手元にある状態が理想**です。たとえば、月商３０００万円の会社であれば９０００万円程度のキャッシュが常にあれば、いわゆるキャッシュリッチで理想的な企業ということになります。

常に月商３ヶ月分のキャッシュが手元にあるということは、攻めにも守りにも有利に働きます。

攻めの例でいうと、設備投資や広告宣伝費など将来の売上につながる投資を積極的に行なうことができます。

たとえば新規出店を考えているときに良い物件が見つかったとして、手元のキャッシュがあればすぐに物件を押さえることができます。反対に手元のキャッシュがなければ、物件申込に必要な初期費用を支払うことができず、融資で資金調達ができるのを待っている間に大手チェーン店など資金力のある申込者に先を越されてしまいます。

守りの例でいうと、コロナ禍のような緊急事態が発生して事業活動が継続できなくなったとしても、しばらくは手元のキャッシュで耐え抜くことができます。コロナ禍のように世界的なものでなくても、近くに競合店ができて売上が下がったり、バイトテロを起こされたり、店長が急に辞めてしまったりと、営業活動に支障をきたすリスクは身近なところにも多くあります。

いざキャッシュが足りなくなってから焦って銀行に駆け込んでも、すぐには融資してくれません。平時から手元のキャッシュを月商3ヶ月分以上持っておけば、こうしたリスクにも備えることができます。

4 今さら聞けない！P／LとB／Sの読み方

会社のキャッシュフローを見るうえで欠かせないのが、**決算書を読み解く**ことです。「決算書を読み解く」と聞くと、それだけで嫌気がさす方もいるのではないでしょうか。確かに、書店でも決算書の本を手に取ると、「自己資本比率」「流動比率」などといった難しい財務指標が並び、読むのもおっくうになってしまうかもしれません。

とはいえ、実際問題、中小企業の実務では**こういった財務指標の分析は必ずしも経営の意思決定に使えるとは限りません**。財務指標分析は多くの社長にとって煩雑なうえに、中小企業では帳簿上の数字が実態と異なることが多く、せっかく指標を計算しても正確に現状を反映していないことが多いからです。

その結果、「自己資本比率」「流動比率」といった財務指標を見てもイマイチ実感がわかず、やがて「決算書なんて見ても別に意味ないよ」と読まなくなってしまうのです。

こと中小企業においては、決算書の読み方も特有のポイントがあるのにもかかわらず、世の中のほとんどの書籍や解説サイトには、大企業に適した財務指標分析のことばかり書かれています。そこで本書では、細かい財務指標分析の説明はせず、「店舗経営に活かせる決算書の読み解き方」についてお伝えします。

店舗経営者は財務指標について理解を深めるよりも、これから説明する決算書の読み方ができるようになったほうが経営に役立ちます。

それはズバリ、**決算書からキャッシュフローを読む**ということです。

その前に、まずは最低限、決算書の基本を知っておく必要があります。

中小企業の場合、「決算書」というと主要なものは「P／L（Profit and Loss Statement：損益計算書）」と「B／S（Balance sheet：貸借対照表）」です。本項では、P／LとB／Sの基本的な構造について解説します。

なお、本書では会計に詳しくない方でもわかるよう細かいルールは省き、理解の肝となるポイントだけに絞って説明していることをご了承ください。「決算書は、もうバッチリ読めるよ！」という方は、本項は読み飛ばしていただいて構いません。

5 P／L（損益計算書）の基本

P／Lを一言でいうと、**会社の儲けを表す資料**です。

会社の儲けとは、言い換えると利益のことです。1年間で発生した収益（売上）から費用（経費）を引いて、残ったものが利益です。

ただ、これだけだと情報量が少なく、会社がどのように儲かっているのかがわかりにくいので、P／Lでは利益を5種類（5つの利益）に分けて表すという構造になっています。

次ページの図7がP／Lを図解したものになります。

ここで肝になるのが、**利益にも5つの段階がある**ということです。

①売上総利益（粗利）

②営業利益

● 図7　P/Lの構造

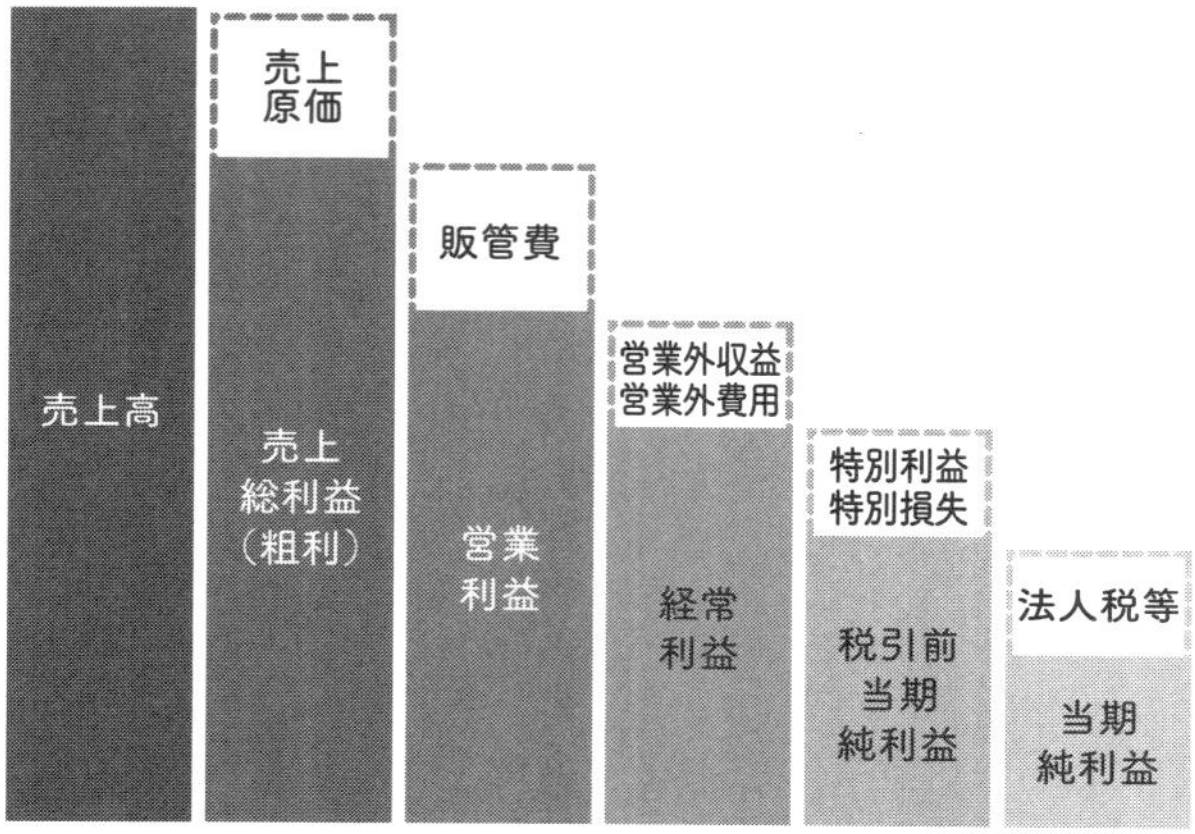

③経常利益
④税引前当期純利益
⑤当期純利益

これら5つの利益を見ることで、その会社がどこで儲けを出しているか（または損失を出しているのか）がわかります。

利益①　売上総利益（粗利）

まず、「売上総利益」です。**売上から売上原価を引いた利益**を指します。おそらく「粗利」といったほうがイメージしやすいと思いますので、ここでは粗利と呼びます。

売上原価とは、商品・サービスの提供に直接かかる費用のことをいいます。店舗系ビジネスの場合、多くが仕入にかかる費用のことです。たとえば飲食店なら食材代、アパレルなら洋服代、美容室ならカラー剤代などを指します。

仕入にかかる費用の他には、たとえばフィットネスジムで外注のインストラクターに業務委託料を払うときなど、外注費も原価に含まれる場合があります。

利益② 営業利益

粗利から販管費（企業の営業活動に必要な費用）を引いたものを「営業利益」といいます。

販管費の例としては、店舗系ビジネスで主要なものだと人件費、家賃、広告宣伝費、水道光熱費、リース料など、企業が営業活動をしていく際にかかる費用を指します。みなさんの役員報酬もこの販管費に含まれます。

営業利益を見ることで、その会社が**本業でどの程度儲かっているのか**がわかります。

たとえ当期純利益がプラスだったとしても、営業利益がマイナスなら本業がうまくいっていないということになります。**営業利益は、P／Lの5つの利益の中で一番重要な利益**です。

利益③　経常利益

営業利益に営業外収益や営業外費用を足し引きしたものを「経常利益」といいます。

要は、本業の儲けを表す営業利益に、本業以外での利益や損失を足し引きして、結果その企業が経常的にどのくらい儲かっているのかを表したのが経常利益です。

営業外収益の代表例としては、受取利息や受取配当金が挙げられます。また、最近だと補助金や助成金収入で営業外収益に多額が計上されている企業も多いです。営業外費用は、代表的なものとして銀行への支払利息が挙げられます。

経常利益を見ることで、その会社が**本業＋本業以外の経営活動でどの程度儲かっているのか**がわかります。

利益④　税引前当期純利益

経常利益に特別利益や特別損失を足し引きしたものを「税引前当期純利益」といいます。

特別利益や特別損失とは、通常の経営活動からは外れた一時的な利益や損失を指します。たとえば設備を売ったときに出た売却益や、災害によって出た損失などが挙げられます。

利益⑤　当期純利益

最後に、税引前当期純利益から法人税などの税金を差し引いて、「当期純利益」が計算されます。この金額が最終的な利益になり、次項でお伝えするＢ／Ｓの「利益剰余金」に蓄積されます。

このように、利益を５つに分けることで、その会社がどこで儲かっているのかをわかるようにしたのがＰ／Ｌです。

たとえば、経常利益が赤字で税引前当期純利益が黒字になっているような会社であれば、資産売却益などの特別利益で儲かったということになり、たとえ最終的な利益では黒字だったとしても、その会社の本当の儲けの力は弱いということがわかります。

6 B／S（貸借対照表）の基本

次に、Ｂ／Ｓの構造について解説します。

Ｂ／Ｓを一言でいうと、**会社が持っている資産とその調達状況を表した表**です。

図8がＢ／Ｓを図解したものになります。

Ｂ／Ｓは大きく分けて左半分と右半分に分けられ、左側が**会社がいくらの資産をどのような形で持っているのか**、右側が**その資産の元手となるお金はどこから調達したのか**を表します。

Ｐ／Ｌとの違いとして、Ｐ／Ｌは会計期間（1年間）の儲けを表しているのに対し、Ｂ／Ｓは創業からこれまでずっと経営してきた結果として、現時点での資産状況が書かれています。

「Ｐ／Ｌは読めるけど、Ｂ／Ｓはよくわからない」という方は、まずはシンプルにＢ／

● 図8　B/Sの構造

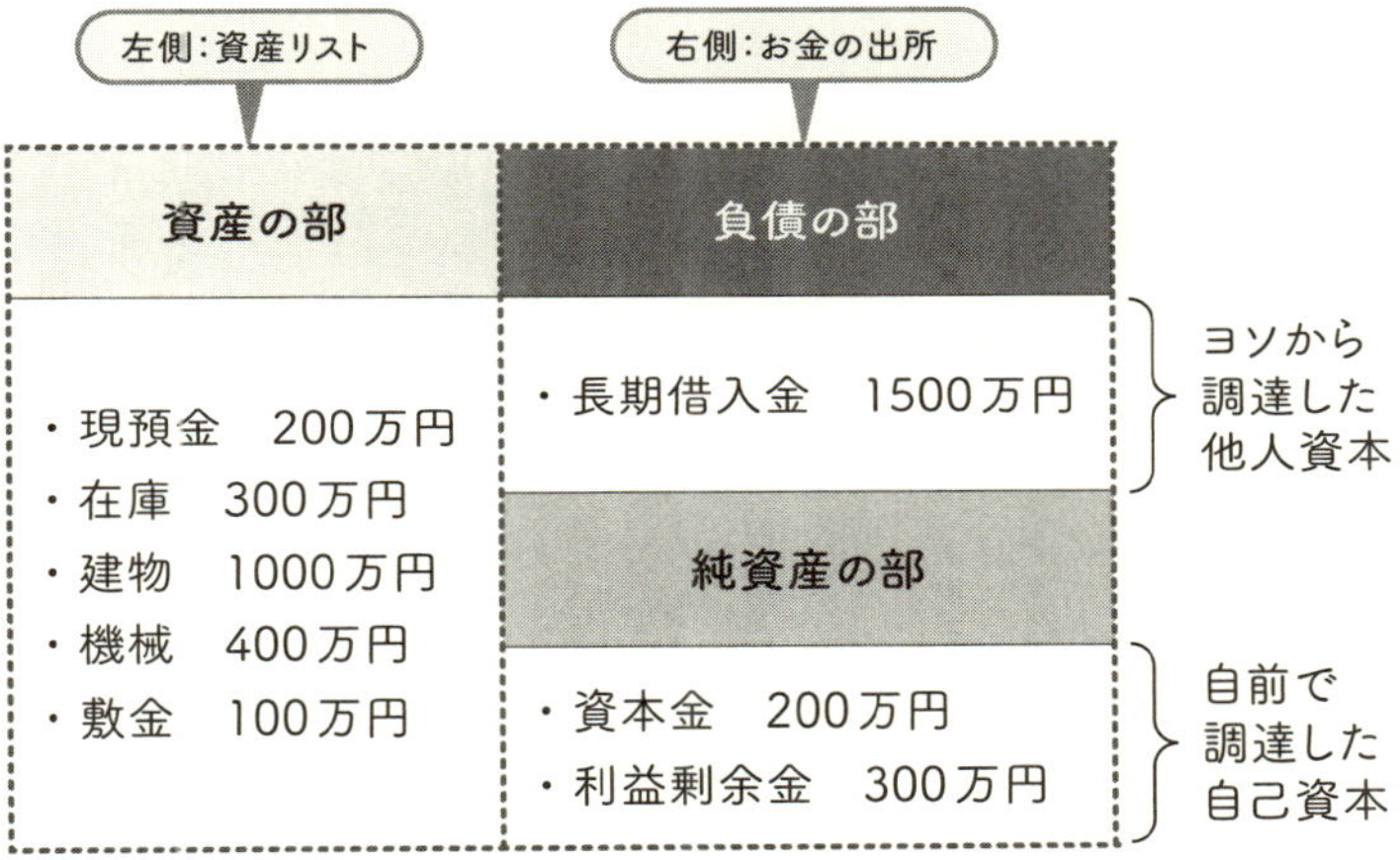

Sの左側だけを見てください。B／Sの左側には会社の持つ資産が並んでいる、いわば手持ち資産の残高リストだと思えば理解できると思います。

B／Sの左側を「資産の部」といい、資産の部には上に行けば行くほど流動性の高い（現金化がしやすい）資産が書かれています。このような1年以内に現金化できる資産を「流動資産」といいます。代表的な例が現預金、売掛金、在庫（棚卸資産）などです。

逆に下に行けば行くほど流動性の低い（現金化がしにくい）資産が書かれており、1年以上の長期にわたって使用する資産を「固定資産」といいます。代表的な例として建物、機械装置などが挙げられます。

図の例で資産の部を見ると、この会社は合計２０００万円分の資産を持っており、その内訳は現預金２００万円、在庫３００万円、建物１０００万円、機械４００万円、敷金１００万円（敷金は物件オーナーに払うもののいつかは返ってくるので資産に入ります）という形で持っているのだとわかります。

このように、Ｂ／Ｓは「資産の残高リスト」だと思えば誰でも理解できるのですが、Ｂ／Ｓを難しくしているのが右側（負債の部、純資産の部）です。Ｂ／Ｓの右側は「左側の資産の元手となるお金はどこから調達したのか」を指しますが、そもそもなぜ調達元を知る必要があるのでしょうか。

身近な例でいうと、みなさんの周りに、派手な高級時計を身につけて高級車を乗り回している人がいるとします。パッと見て、この方はお金持ちだと感じますが、はたして本当の意味で資産を持っている人なのでしょうか。もしかしたら、この方は消費者金融から借りたお金で見栄を張って、高級時計を身につけているだけかもしれません。高級車だって、実は長期のローンで購入して、まだまだ残債が多く残っているのかもしれません。

このように、表面上の資産だけを見ても、その人の本当の懐具合がわからないのと同じで、会社も**表面上の資産だけを見ても本当の財産状況はわかりません**。資産を見るときには「その元手となる資金はどこから調達したのか」をセットで見る必要があり、そこでＢ／Ｓの右側が役に立つのです。

Ｂ／Ｓの右側は大きく分けて「負債」の部と「純資産」の部に分けられます。負債の部というのは社外から調達した分、いわば他人資本を指します。代表的なものとして、銀行からの借入金がイメージしやすいと思います。他には、買掛金も負債に入ります。買掛金が負債というのは慣れていないうちはイメージしにくいとは思いますが、買掛金は仕入先に支払いを待ってもらっている状態です。つまり仕入先からお金を借りているのと実質的には同義なので、負債の部に入ります。負債は他人資本なので、基本的にはいつか返済や支払い等で出ていくものです。

それに対し、純資産の部というのは、いわば会社が自力で調達した分を指し、自己資本ともいいます。中小企業で代表的なものは、会社を設立したときに株主が入れた資本金や、会社がこれまで稼いだ利益剰余金が挙げられます。

このように、B／Sの左側は資産の運用状況を、右側は調達状況を表しており、左側と右側の合計金額は常に一致します。これら**運用と調達をセットで見ることで会社の本当の財政状況がわかる**のです。

図8の例では、会社が持っている2000万円分の資産の調達元として、他人資本である長期借入金1500万円、自己資本である資本金200万円、利益剰余金300万円が元手になっているということがわかります。

7 P／LとB／Sの関係

これら基本の読み方がわかったところで重要になるのが、**P／LとB／Sは連動してつながっている**ということです。

P／Lで利益（当期純利益）が出ると、その利益はB／Sの利益剰余金に毎年積み上がっていきます。つまり、B／S上の利益剰余金とは、創業からこれまでにかけて毎年積み上げた、P／Lの当期純利益の合計額ということになります。

会社が日々行なう企業活動のお金の循環を決算書でイメージすると、P／LとB／Sのつながりが読み取れます。

まず、会社が事業を行なうときには資金調達が必要です。たとえば融資を受けたり（B／S：負債の分）、資本金として自前の資金を入れたり（B／S：純資産の分）して資金を集めます。

次に、集めた資金を在庫や店舗設備などの資産に投資します（B／S：資産の部）。

● 図９　P/LとB/Sのつながり

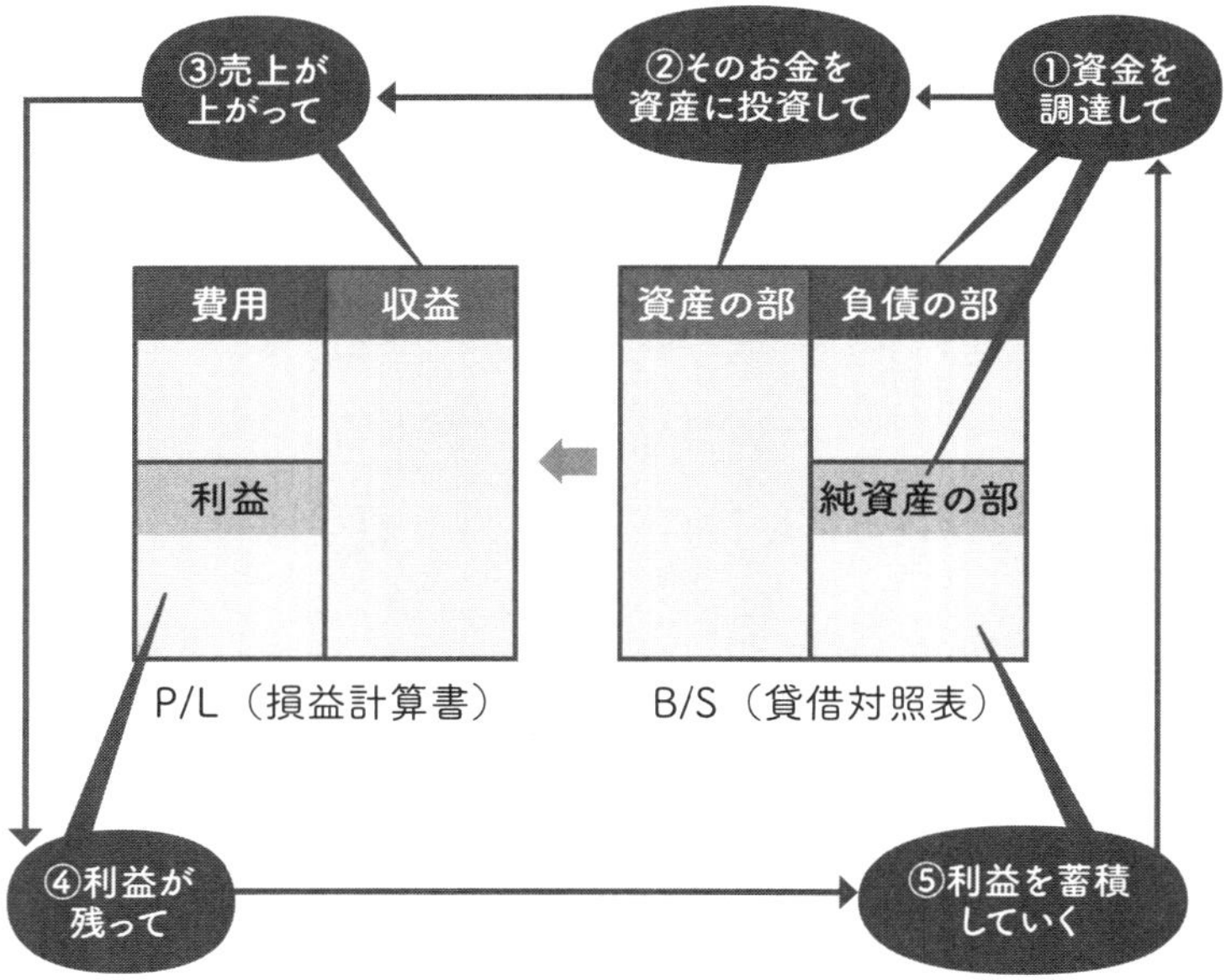

そして、その資産によって売上が上がり（Ｐ／Ｌ：収益）、かかった経費（Ｐ／Ｌ：費用）を引いて利益（Ｐ／Ｌ：利益）が残ります。残った利益は利益剰余金（Ｂ／Ｓ：純資産の部）として蓄積されていき、貯蓄や再投資に使われていきます。

このように、Ｐ／ＬとＢ／Ｓは連動しており、**企業活動のお金の循環を表したもの**という視点で読むことで、Ｐ／ＬとＢ／Ｓのつながりを理解することができます。

以上、Ｐ／ＬとＢ／Ｓの基本的な構造についてお話ししてきましたが、ここからが本題です。決算書を実際に経営に活かすために**キャッシュフローを読み解く**方法についてお伝えします。

8 P／L（損益計算書）からキャッシュフローを読み解く方法

まず、P／Lの読み解き方からお話しします。

P／Lからキャッシュフローをつかむために知っていただきたいのが、**簡易CF（簡易キャッシュフロー）**という概念です。聞き慣れない言葉でちょっと難しく感じるかもしれませんが、とても重要ですのでぜひ覚えてください。

簡易CFとは、**会社が事業活動を通じて年間いくらのキャッシュを生むか**を簡易的に測るための指標で、以下の式で表されます。

・**簡易CF＝当期純利益＋減価償却費**

会社が稼いだ利益に、お金が出ていかない費用である減価償却費を加えたものが、**年間を通してその企業が生み出すキャッシュ**ということです。

現実には売掛金や買掛金、在庫の増減などがあるため、必ずしも簡易CF＝会社が稼ぐキャッシュと完全に一致するわけではありませんが、それでも簡易的に会社が稼ぐキャッシュを算出するのには使える指標です。

まずはみなさんの会社の決算書から「当期純利益」と「減価償却費」がいくらかを確認して、簡易CFを算出してみてください。簡易CFがプラスであれば、（簡易的には）事業活動によりキャッシュを生み出せている会社で、逆にマイナスであれば事業活動によりキャッシュを減らしてしまっている会社だということになります。

そもそもここがマイナスだと、事業活動をしているのにキャッシュを減らしてしまっているという状態なので、今すぐにでも抜本的な経営改善に取り組まないといつかは資金ショートしてしまいます。

次に、**簡易CFと毎年の銀行への返済額を比べてみてください**。簡易CFはただ単にプラスであればいいということではありません。店舗系ビジネスの場合、銀行から受ける融資の大半は設備資金ということが多いでしょう。設備資金は借りたお金がキャッシュと

図10　簡易CF＜返済額だと……

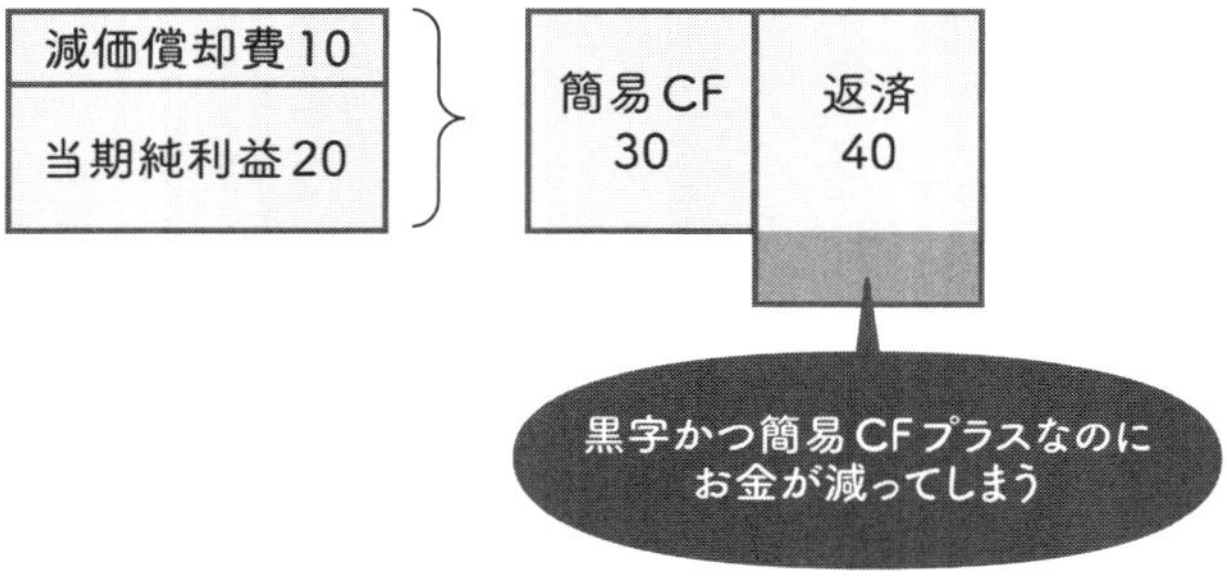

して残らず設備に変わってしまうので、その設備が新たにキャッシュを生み出さない限り、返済を続けることができません。

そのため、**簡易ＣＦ＞返済額となっていないと、事業で新たに生むキャッシュからの返済ができずに、手元にあるキャッシュを削って返済をする**ことになってしまいます。

たとえば、当期純利益20、減価償却費10、銀行への返済額が40の会社だとします（ここではわかりやすくするために、数字をシンプルに、かつ単位を省略して考えます）。

この会社の簡易ＣＦは30（当期純利益20＋減価償却費10）でプラスの状態です。しかし、簡易ＣＦ30に対し銀行への返済を40

●図11　資金繰りの負のスパイラル

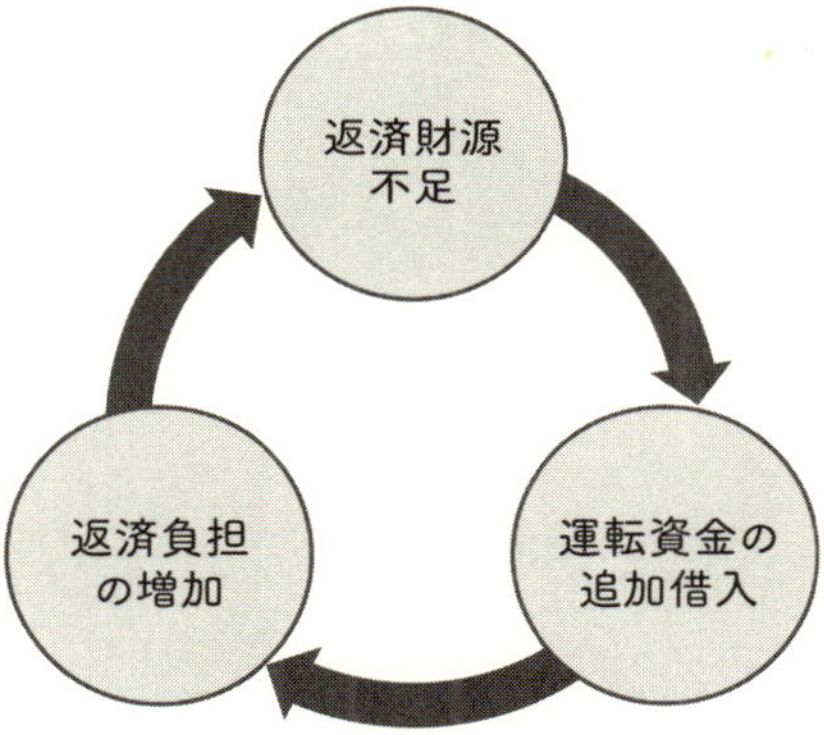

行なっているので、一見黒字でも事業で生み出す簡易ＣＦから返済ができていない状況です。

こういった状態が慢性的に続いている会社は要注意です。

利益を改善して簡易ＣＦを増やすか、銀行からの借り方を見直して返済額を少なくするか、何かしらの改善策を打たなければいつかは資金繰りが回らなくなってしまいます。

私自身、日々相談をいただく中で、このような状況に陥っている会社を多く見てきました。このような状態が続くと、追加で運転資金を借りて返済に回すしかなくなります。まさに**「返済のための資金を新たに借りる」という銀行依存の状態**です。

一度こうなってしまうと簡単には抜け出せません。借入が増えるたびに毎月の返済額もどんどん増えてしまい、さらにその返済のためにまた銀行から借りるという負のスパイラルに陥ります。

まだ銀行から借りられているうちは、それでも資金繰りは回りますが、いつか銀行から借りられなくなったタイミングで行き詰まってしまいます。文字通り、銀行に生死を握られている状態です。

こうした負のスパイラルに陥らないためにも、早いタイミングで、その兆候に気づけるかどうかが重要です。単にP／Lの表面上の売上や利益だけを見るのではなく、**簡易CFを計算し、銀行返済分のキャッシュを稼ぐことができているのか**を確認するようにしてください。

9 B／S（貸借対照表）からキャッシュフローを読み解く方法

次に、B／Sを読み解く方法について説明します。

B／Sをどのように読めば経営に役立つかというと、**2期分のB／Sを並べてキャッシュの増減理由を読み解く**という方法です。この方法は銀行員もよく使っています。この読み方ができると「稼いだ利益がどこへ消えたか」が一発でわかるようになります。

本章7項で、P／LとB／Sはつながっているというお話をしました。P／Lで利益（当期純利益）を出すと、その利益がB／Sの利益剰余金に蓄積されていきます。そして、B／Sの左右の合計額は常に一致するので、右側（利益剰余金）が増えれば、その分左側が増えるなどで合計額が一致するはずです。

本来は次ページ図12のように、利益剰余金が増えた分だけキャッシュが増えているのが理想です。しかし、悲しいことに現実はそうはならないケースがほとんどです。

●図12　利益の分だけキャッシュが増えれば理想的だが……

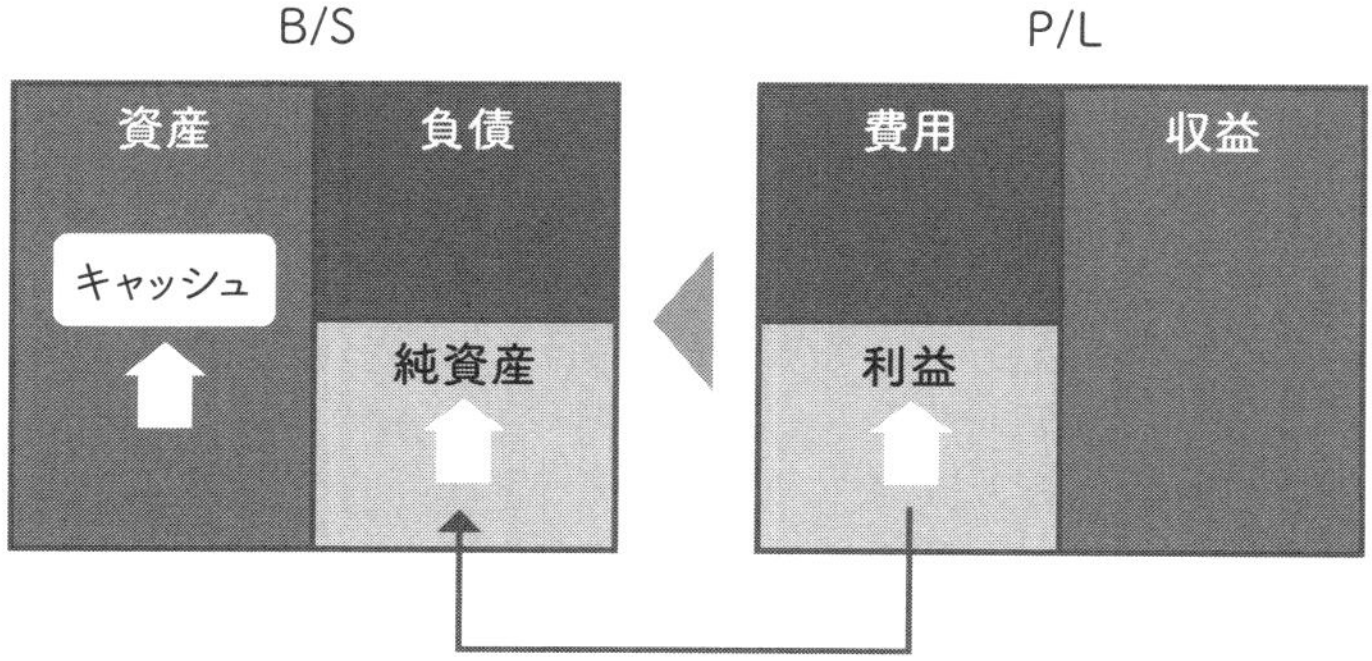

P/Lの利益の分だけB/Sの利益剰余金が増える

次ページの図13は、直近2期分のB／Sを並べたものです。まず見ていただきたいのが、右下にある「利益剰余金」の増減額です。利益剰余金は前期から40増えています。つまり、当期でP／L上は40の当期純利益を出している会社だとわかります。この場合、理想をいえば増えた利益の分、つまり40のキャッシュが増えているはずです。

そこで次に見ていただきたいのが、左上の現預金です。2期分の現預金を比較すると、40増えるどころか、むしろ30減ってしまっているということがわかります。利益が40出ているのに、なぜ、30もキャッシュが減ることになってしまうのでしょうか。

その答えはB／Sの中にあります。2期

●図13　稼いだ利益はどこへ消えたのか

在庫が30増えた

科目	前期	当期	増減
現預金	50	20	-30
売掛金	30	30	0
棚卸資産	50	80	30
その他の流動資産	20	20	0
流動資産合計	150	150	0
土地	50	50	0
建物	30	30	0
工具器具備品	20	20	0
その他の固定資産	20	40	20
固定資産合計	120	140	20
資産合計	270	290	20

固定資産が20増えた

借入金が20減った

科目	前期	当期	増減
買掛金	40	40	0
その他の流動負債	20	20	0
流動負債合計	60	60	0
長期借入金	150	130	-20
その他の固定負債	20	20	0
固定負債合計	170	150	-20
負債合計	230	210	-20
資本金	10	10	0
利益剰余金	30	70	40
純資産合計	40	80	40
負債・純資産合計	270	290	20

分のB／Sを読み解いていくことで、稼いだ利益がどこへ消えたのかがわかります。

まず、在庫を見てみます。在庫金額は前期と比べて30増えており、この30の分だけキャッシュが減った（在庫に変わった）ということがわかります。

次に、固定資産を見ると、「その他固定資産」として前期より20増えています。おそらく、車両やソフトウェアなど、その他固定資産に投資を行なったため、その分キャッシュが減ったと読み取れます。

最後に、長期借入金を見てみると、前期より20減っていることがわかります。銀行に対して20の元金返済を行ない、その返済のためにキャッシュが減ったことになります。

以上をまとめると、

- **在庫が増えた分キャッシュが30減った**
- **固定資産が増えた分キャッシュが20減った**
- **借入金が減った分キャッシュが20減った**

ということになり、合計すると70の資金流出があったことがわかります。つまり、利益が40プラスだとしても、この3つの資金流出で70のマイナスがあったため、会社としてのキャッシュは30減ったということになります。

ここまでわかれば、キャッシュフロー改善のための施策も見えてきます。

在庫が過剰に増えているのであれば、増えている在庫を洗い出して、発注ルールを明確にするなど過剰在庫を減らす努力ができます。

ムダな資産が増えているのであれば、資産を売却して現金化したり、そもそも設備投資のルールを決めてムダな投資を控えたりするなどの対策が挙げられます。

借入返済が過剰になっているのであれば、銀行と交渉して毎月の返済額を減らすか、そもそも融資を受けるときの借入期間を慎重に決めるなどの打ち手が考えられます。

このように、**B／Sは2期分並べて増減を読み解くことで、会社のキャッシュフローを表す重要資料として使えるのです。**

ここまで、P／LとB／Sの読み解き方を説明しました。

多くの方が普段なんとなく見ている決算書は、このように**キャッシュフローを把握するために読むと経営に役立つ情報の宝に変わる**のです。

第2章

会社にキャッシュを残すための店舗経営の「利益」

1

店舗経営の絶対的ルール「必要利益」とは？

第2章では、店舗系ビジネスにおける3つの財務の考え方（利益、投資、調達）のうち、利益についてお話しします。

本題に入る前に1つ質問ですが、みなさんは**「自分の会社が最低限いくらの利益を出さないといけないか」**について考えたことはありますか？

もしかしたら、真剣に考えたことがない方が大多数かもしれません。しかし、この**必要利益**こそ、店舗経営でキャッシュが貯まる会社を作ろうと思ったら、絶対に知っておいていただきたい重要な考え方です。

では、いったいどうすれば自社の必要利益がわかるかについて、詳しくお伝えしていきます。

事業活動を継続していくうえで、自社がいったいいくらの利益があればいいかというと、

図14　必要利益の求め方

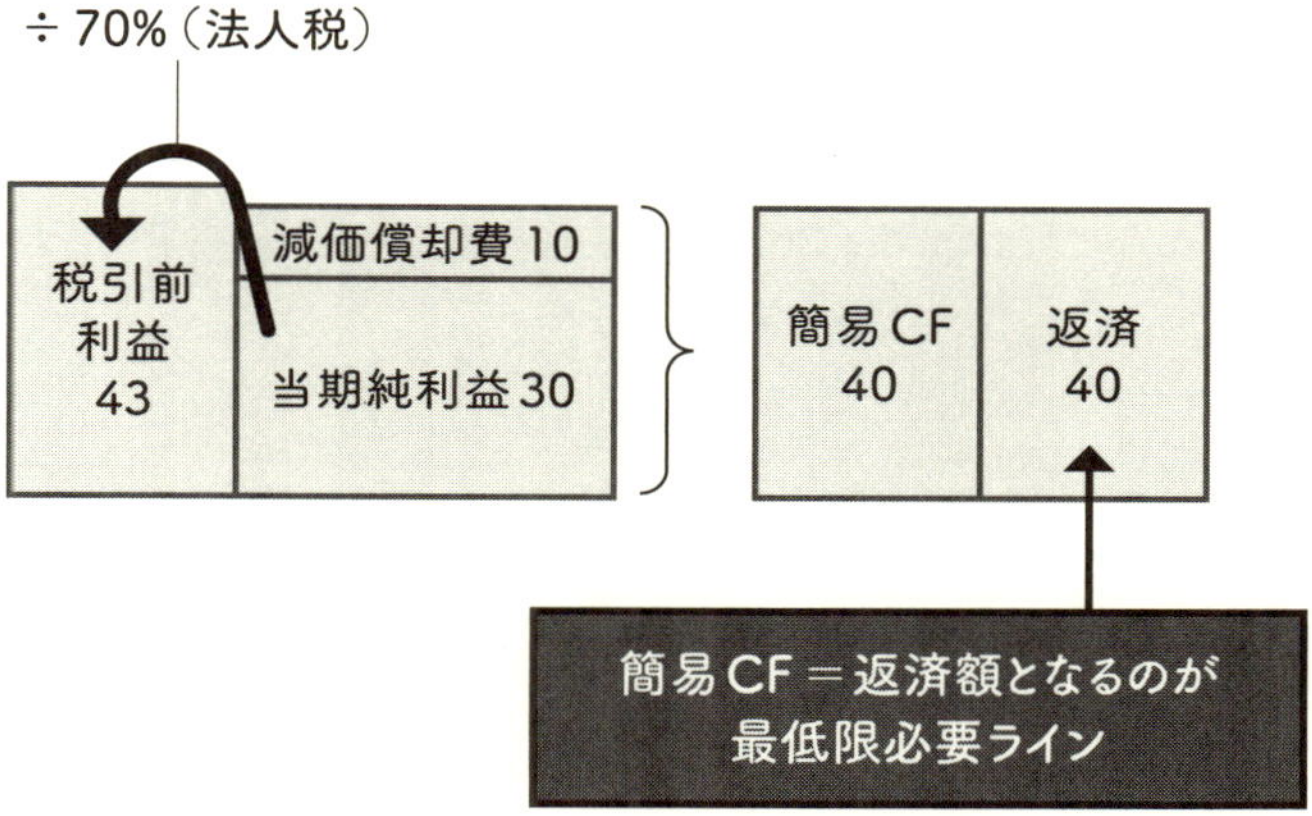

最低限、利益が出て、銀行への返済がし続けられるラインであれば事業の継続はできます。銀行への返済財源となるのは前述した簡易ＣＦですので、少なくとも簡易ＣＦ＝返済額となる利益が出せていれば、ひとまず返済ができ、資金繰りは回るということになります。

つまり、このときに必要となる利益額を求めれば、自社の必要利益がわかるわけです。

具体例で考えてみます。

たとえば、ある会社の年間の銀行返済額が40だとします。必要利益を計算するうえでは、簡易ＣＦ＝返済額となればいいので、この場合だと当期純利益＋減価償却費を足した額が40となっていればいいわけです。仮に減価償却費が10だとすると、必要な当期純利益は30ということがわかります。

この場合、税引前の利益から法人税を引いて、そのうえで税引後の当期純利益として30残らないといけません。税引後の利益で30必要ということは、税引前の利益はもっと多く必要になります。

この場合で必要になる税引前利益を求める計算式は、次の通りです。

・当期純利益÷（1－法人税率）

法人税率が30％だとすると、税引後の当期純利益を70％（0・7）で割り算すれば必要となる税引前利益が逆算できます。今回の例でいうと、30÷70％＝43ということになります。つまりこの会社の場合、43の税引前当期純利益を出していれば、そこから30％の税金がかかったとしても30残り、減価償却費の10と合わせて40の簡易ＣＦが出るのです。そうすれば40の借入返済は簡易ＣＦから賄うことができ、資金繰りは回ります。

このように、**必要利益はキャッシュフローから逆算する**ことで求めることができます。

店舗系ビジネスを経営していくうえでは、この**必要利益はなんとしても確保しないといけません。**

それなのに、多くの店舗経営者が陥りがちなこととして、いざ店舗がうまくいって儲かり出すとついつい気持ちに余裕が出て過剰に経費を使ってしまい、必要利益を下回る利益額で着地してしまうのです。

そうなると当然、簡易ＣＦからの銀行返済ができず、社長本人は黒字で儲かっていると思っていても、実際には返済でキャッシュは減って資金繰りが厳しいという矛盾が起こりうるのです。

キャッシュを増やす経営をしていくには、**たとえ利益が出ていたとしても油断せず、必要利益が出ているかを確認する**ことが何よりも重要です。

2 キャッシュから考える！利益目標の設定方法

会社にキャッシュを残すには、利益目標を決めることが必須です。

実際のところ、「利益の目標なんて特段作っていない」という方が多いのではないでしょうか。よくある例としては、「とりあえず売上目標だけあって、日々の売上はチェックしているものの、最終的にかかった費用を計算するまで、いくらの利益が残るのかは見当もつかない」というケースです。

あるいは利益目標を設定していたとしても、「とりあえず営業利益率10％」「前年比＋5％」といったように、特に深く考えずに目標設定をしているケースが多いと思います。

確かに利益目標を決めているだけ素晴らしいことですが、こういった決め方だと利益目標を達成したところで、いくら手元にキャッシュが残るかがイメージできません。「無事に目標を達成したのに、結果として会社に残るキャッシュはそこまで多くなかった」という事態に陥ってしまっては悲しいですよね。

●図15　利益目標の求め方

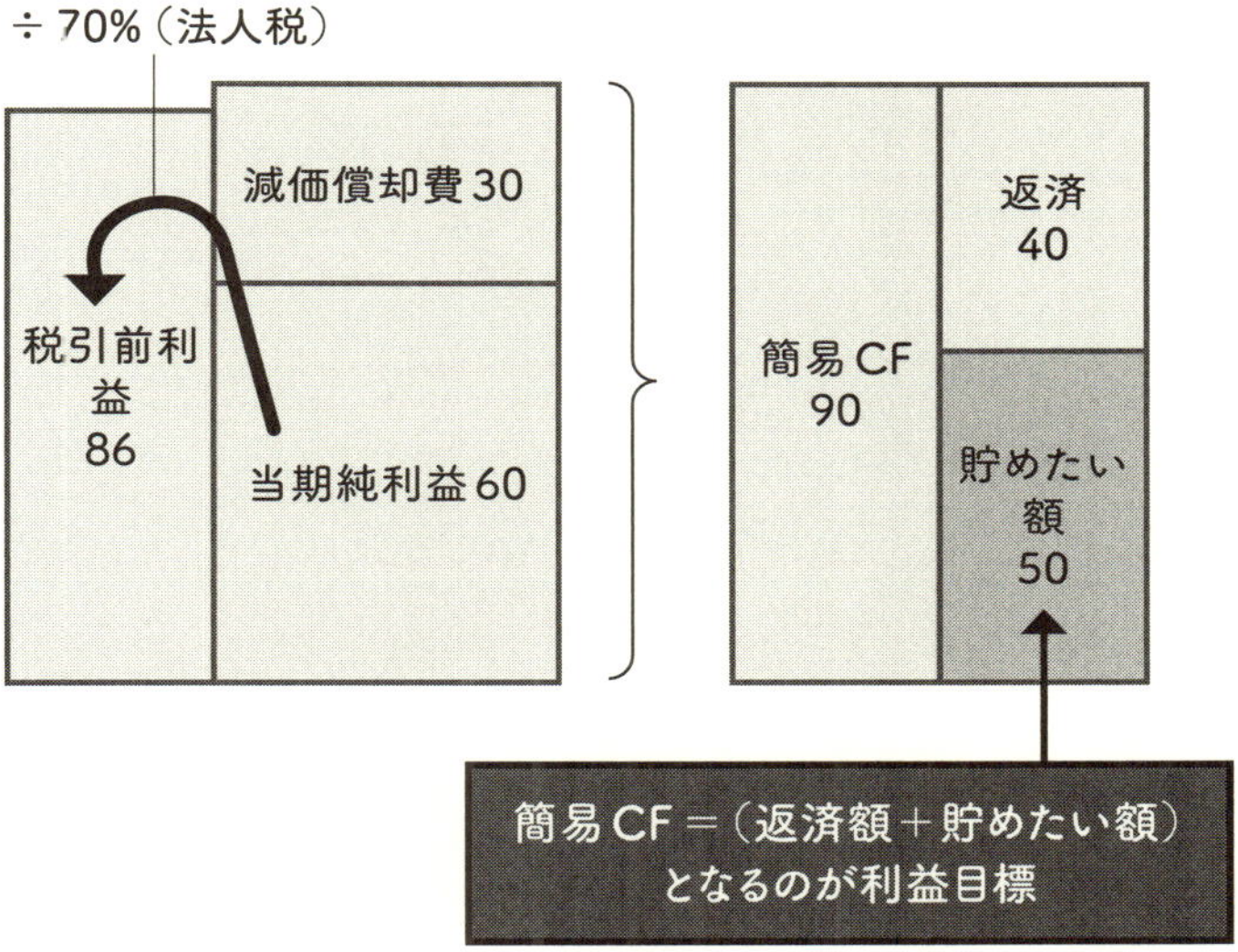

会社にキャッシュを貯めるための利益目標の決め方にはポイントがあります。

先ほど、必要利益の計算方法について説明しましたが、利益目標の算出もこれと同じ考え方です。**必要利益＋会社に貯めたいキャッシュ**を計算して、そこから逆算して必要な利益額を計算します。

目標利益を決めるためには、**1年を通じて会社に残したいキャッシュ額を決める**ところから始めます。この金額は会社ごとに自由に設定していただいて問題ありません。

「とりあえず５００万円貯めたい」

でもいいですし、「来期のボーナスや投資の原資として回せるように300万円貯めたい」でも大丈夫です。特に目標キャッシュ額が思い浮かばない場合は、第1章3項でお伝えした「月商○ヶ月分のキャッシュを持つ」という基準をもとに決めていただくのもいいと思います。

ここでのポイントは、**まずは目標キャッシュを先に決める**ということです。

売上目標や利益目標から決めてしまい、フタを開けるまで会社にいくら残るかがわからないという状態になってしまっては、目標を達成しようという気も起こりません。

そうではなく、全く逆の発想です。1年を通して残したいキャッシュありきで、そこから逆算で考えて目標設定をしていきます。

年間を通して貯めたいキャッシュ額が決まれば、利益目標は自ずと決まっていきます。図15の例でいうと、貯めたい額50＋銀行への返済40ということで、90の簡易CFが出ていれば「50のキャッシュを貯める」という目標が実現できます。

あとは必要利益の計算と同じです。簡易CFの目標が90で減価償却費が30だとすると、当期純利益で60出ていればいいのです。

当期純利益で60必要ということは、法人税率を30％だとしたとして、必要な税引前利益は60÷70％＝86になります。つまり、キャッシュを50貯めるためには、税引前利益86を目標にすればいいということになります。このようにして決めることで初めて、キャッシュとひもづいた目標ができあがります。

利益目標を立てるときには、この**「キャッシュとひもづく」というのが重要**です。単に「利益○円を達成しよう！」と掲げても利益には実態がないので、達成した結果、どんなことになるのかがいまいちピンときません。しかし、キャッシュとひもづけることで、利益目標を達成した結果、「いくらのキャッシュが貯まるのか」が明確にわかります。

このような目標設定をすることで、キャッシュフローが健全化するだけでなく、**「これを達成すれば、いくらキャッシュが残るから頑張ろう」という健全なモチベーションにつながる**効果もあります。

本当に心の底から腹落ちした目標ができると、人は無意識にその目標を達成する手段を探します。なんとなく「利益○円が目標！」では腹落ちしませんが、キャッシュとひもづけて利益目標を立てることで、本当に納得できる目標を作ることができます。

3 利益目標から逆算する必要売上の求め方

利益目標ができたところで、次は、その利益を達成するのに必要となる売上高の計算方法について紹介します。

もちろん、利益を達成するための要素は売上アップだけではありませんが、仮に売上アップで達成する場合に、どれくらいの売上が必要になるかを求める方法です。このシミュレーションは日々の経営の中で応用できるシーンが多いので、ぜひ覚えておいてください。

前項の例で考えましょう。目標とする50のキャッシュを貯めるためには86の税引前利益が必要だとします。このときに販管費が５００かかっているビジネスの場合、粗利として５８６（販管費５００＋必要な税引前利益86）必要なことになります。

ここで、５８６の粗利を達成するために必要な売上高はいくらになるでしょうか？

これについても、逆算して求めるための簡単な計算方法があります。

●図16　必要売上の求め方

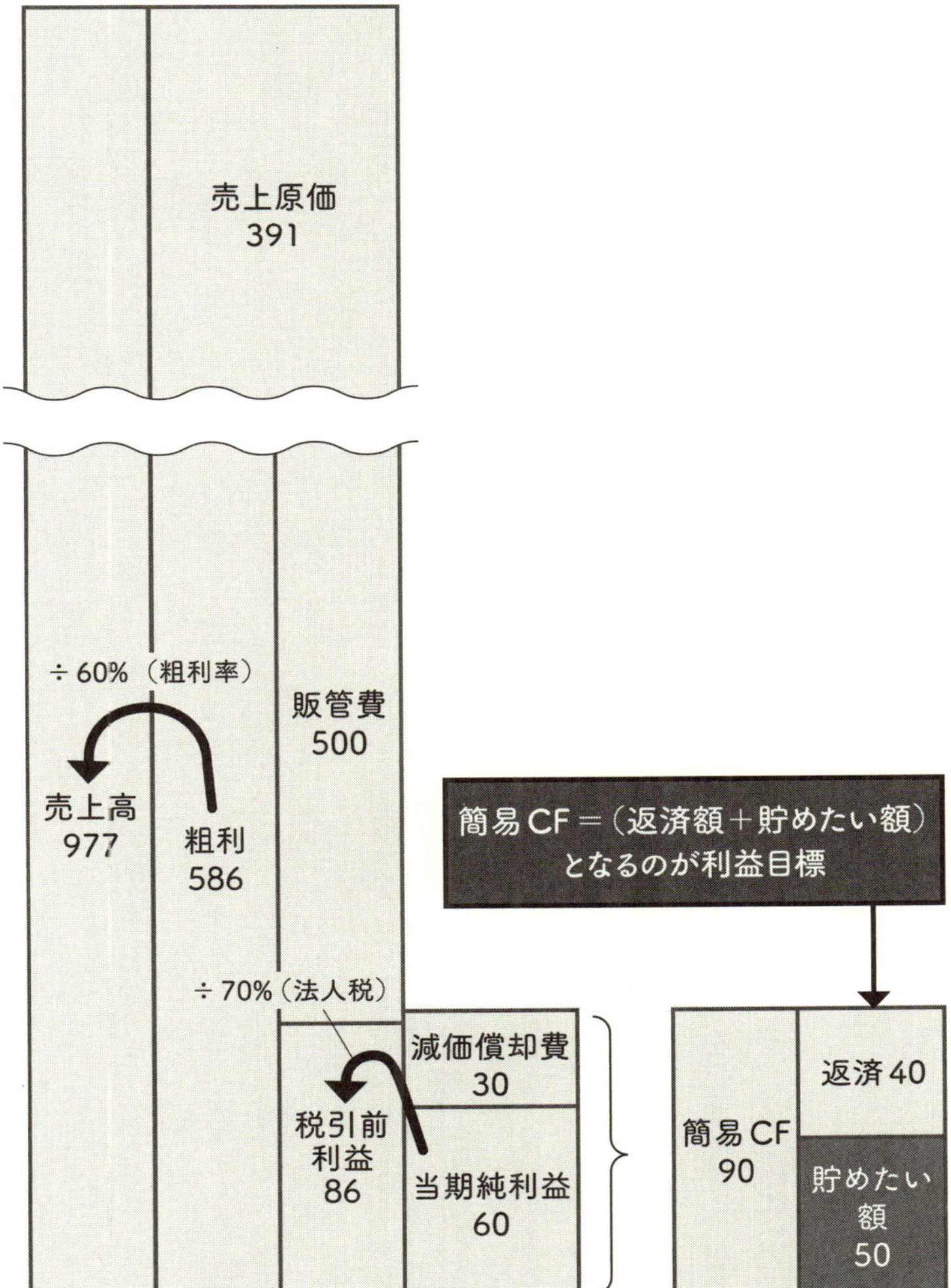

必要売上の計算方法は、次の式で求めることができます。

・必要売上＝必要粗利÷粗利率

ここでは想定の粗利率が60％だとすると、必要粗利586を粗利率60％で割り算すれば必要売上高が算出できます。この場合、必要粗利586÷粗利率60％＝必要売上977と求められます。

売上目標ができたら、この目標数値を営業日数で割れば1日あたりに必要な売上高が求められますし、客単価で割れば必要な客数が求められます。

さらには店舗別に分解して考えたり、季節変動を加味して月別に分解したりするなどして、どんどん具体的なレベルに落とし込んでいくことができます。

このように、最初は**1年を通じて会社に残したいキャッシュ**という大目標を決めて、そこから利益目標や売上目標という中目標に落とし込みます。そのうえで、店舗別の客数といった小目標を決めていき、どんどん目標の解像度を上げていきます。

●図17　キャッシュから逆算する目標設定の方法

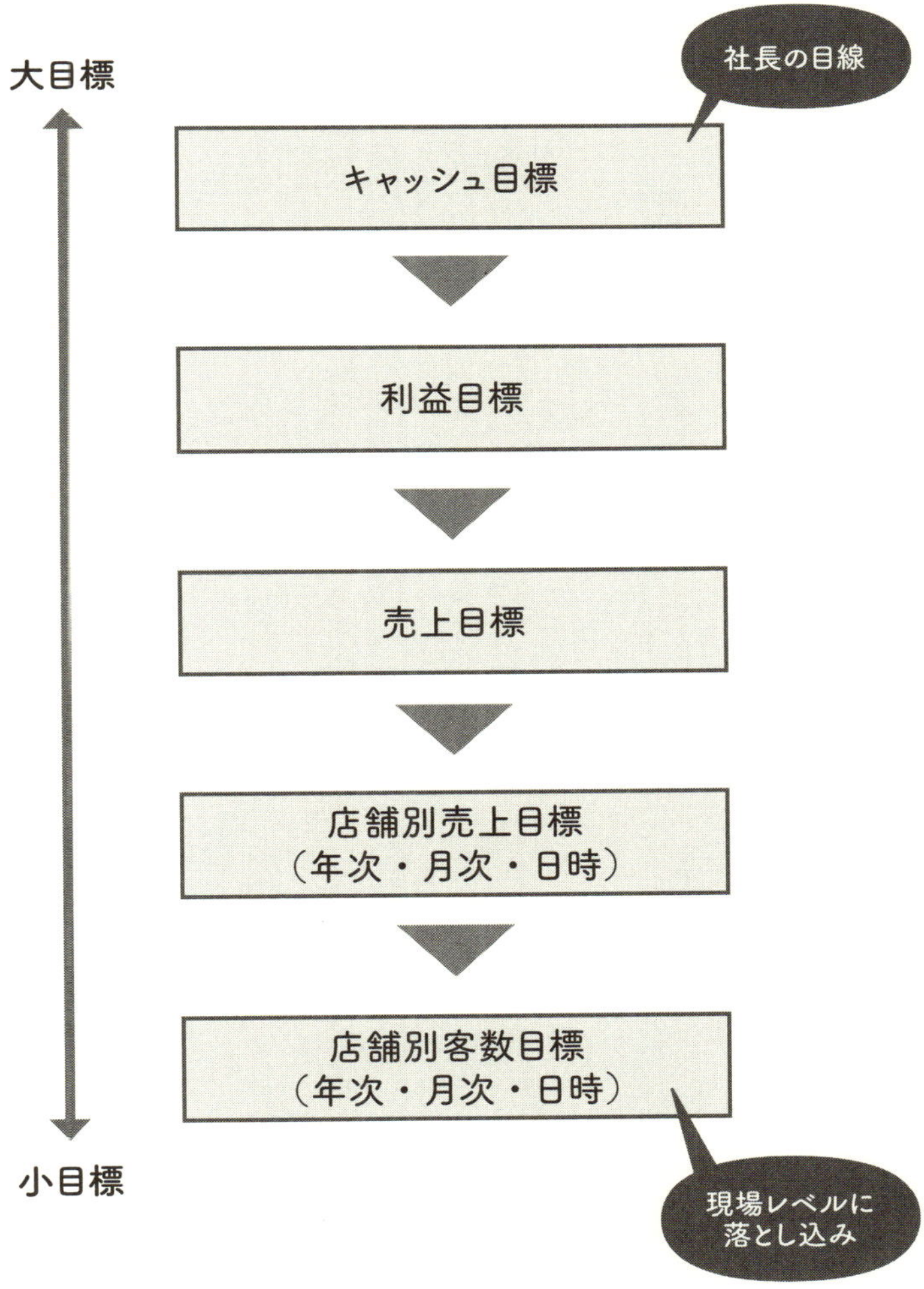

こうして、現場でも使えるレベルに具体性のある目標まで落とし込んでいきます。

現場のスタッフにとっても、特に根拠もなく「売上○円達成しろ！」と言われるより、「売上○円を達成すれば会社にキャッシュが残り、来期のボーナス原資に充てることができるから頑張ってほしい」と言われたほうがやる気も出るのではないでしょうか。

顧問先の社長を見ていると、人を動かすのがうまい人は「意味づけ」が上手だと思います。「○○しろ！」と命令だけするのではなく、「○○すれば××ができるから、やってほしい」というふうに、その行動を取る意義や目的をセットで伝えることで、従業員も進んで動く動機づけができるのです。

そうした「意味づけ」のためにも財務は使えます。

4 利益アップのために考える３つの要素とは？

先ほど、利益目標を達成するための必要売上の計算方法について紹介しました。しかし、ご存じの通り、利益目標を達成するために考える要素は売上だけではありません。どんなビジネスでも、目標利益を達成するために考える要素は、以下の３つに集約されます。

①売上を上げる
②原価を下げる
③販管費を下げる

この中で、多くの社長が注目するのが「①売上を上げる」だと思います。もちろん売上アップを図るのはとても大事なことですが、注意しなければいけないことがあります。

私が多くの店舗系ビジネスの決算書を見させていただく中で、本当に多い失敗パターンが1つあります。

それは、**売上が上がっても同様に販管費も増えているので、結果として利益は変わらない**というパターンです。話としてはシンプルで単純なことですが、現実問題、店舗系ビジネスではこの状態で苦しんでいる会社が非常に多いと痛感しています。

この状況に陥ると、思っている以上に厄介です。良くも悪くも売上は増えているので、業務量は増えます。店舗数や従業員数も増え、管理のコストもかかります。現場での余計なトラブルや人の問題も起こり、社長は常にどこかの店舗から呼び出されて忙しい毎日を送ります。

それなのに会社の利益は増えていないどころか、規模拡大のための借入が増えて、返済負担で資金繰りはいっそう苦しくなるばかり。結局のところ、会社の図体ばかり大きくなって「小さい規模で経営していたときのほうが幸せだった……」とこぼす。

悲しいですが、このような社長を何人も見てきました。

こうならないために大事なのが、**販管費を増やさずに売上を増やす**という視点です。

最もわかりやすい例が、単価アップによる売上増加です。これであれば、単価が上がるだけなので余計な人件費などの販管費は増えず、純粋に増えた売上は利益になります。

私の顧問先でも、とあるサービス業の会社で、思い切って単価40％アップの大幅値上げをした会社がありました。「お客さんがいなくなったらどうしよう」と不安はありましたが、フタを開けてみると客数は10％しか減らず、客数は減っても単価アップの効果で売上は以前より増加しました。

さらにいえば、客数が10％減ったことにより、余計な人件費や外注費などの販管費を一部圧縮することができ、トータルの効果として30％近くの利益向上につながりました。

「売上アップ」と聞くと、客数や店舗数を増やすのに躍起になる方が多いと感じます。もちろん、しっかりと利益の出ているお店であれば、客数アップや店舗数アップによる恩恵は大きいので、積極的に進めたほうがいいでしょう。

しかし、十分な利益が取れる体制ができあがっていない状態で客数や店舗数を増やしてしまうと、ほぼ必ずといっていいほど、売上増加とともに販管費も増えて、結局のところ、利益は増えず忙しくなるだけになってしまいます。

このような状態になるくらいなら、客数や店舗数を減らしてでも、しっかりと利益が残る体制を作るほうが、結果として売上は減っても会社に残る利益は大きくなります。「売上より利益を優先する」という至って当たり前の話ではありますが、日々の経営拡大に邁進されている中で、どうしても見落としがちなことでもあると思います。だからこそ、しっかりと数字に向き合い、売上だけでなく販管費といったコストについても振り返ってみることが重要です。

5 スタッフの人数が妥当かどうかの判断方法

前項の通り、店舗系ビジネスで利益を残そうと思ったら、売上アップと並んで販管費のコントロールが非常に重要だと痛感しています。

ただ、販管費削減というと、「こまめに電気を消して電気代を節約しよう」「裏紙を使ってコピー用紙代を節約しよう」「なるべくタクシーは使わず交通費を抑えよう」といったように枝葉のアイデアばかりが出てきがちです。もちろんやるに越したことはありませんが、実際のところ、こういった取り組みによる効果は微々たるもので、経営改善につながるほどのインパクトはありません。

店舗系ビジネスの販管費では、ほとんどの業種において人件費が支配的です。つまり、人件費を適切に保てるかどうかが、黒字体質の会社になれるかどうかを分けることになります。

私も日々、店舗経営者の方から資金繰りの相談を受ける中で、慢性的に赤字に陥っている会社は共通して、会社が稼ぐ粗利に対して人員過多などで人件費が過剰にかかっており、赤字体質から抜け出すのが困難になっているのを見てきました。

では、スタッフの人数が適正かどうかは、いったいどこを見ればいいのでしょうか？判断基準として使えるのが**1人あたりの粗利**で、以下の式で求めます。

・**1人あたり粗利＝粗利÷従業員数**

計算としては、**会社が稼ぐ粗利額を従業員数で割る**だけです。このとき、アルバイトやパートの方は、労働時間に応じて0・5人、0・3人といったようにカウントしてください。ぜひ、自社の決算書から数字を引っ張って計算してみてください。これまで、さまざまな会社の決算書を見てきましたが、中小企業で黒字体質の会社は、概ね**従業員1人あたり月80万円以上の粗利**を稼げているケースが多いようです。

1人あたり80万円以上の粗利が確保できていれば、仮にそこから35万円の給与を払ったとしても、残り45万円は会社に残りますので、社会保険料やその他の販管費を差し引いても、なんとか利益が出ます。

逆に、１人あたりの粗利が80万円を下回っていると、高い確率で赤字企業となっています。中には「１人あたりの粗利を計算してみたところ40万円だった」というような会社もありました。

これではスタッフ１人が生み出す粗利から、１人分の人件費すら捻出することができず、そもそものビジネスモデルに大きな問題があることになります。

こういった状態では、いくら頑張ってもなかなか利益が出る体質にはなりませんので、粗利を増やすための努力をするか、もっと少ない人手でお店が回るようにして１人あたりの粗利額を増やさなければなりません。当然、人手を減らすということは、業務フローや現場作業の改善が必要なので簡単なことではありませんが、人件費を改善せずに販管費を大幅に抑えるのは、どうしてもコスト構造的に困難です。

私の顧問先でも、長らく赤字体質から抜けられずに困っていた会社で、現場のスタッフが退職したタイミングで、人員補充をせずに少ない人数で回していく決断をしたケースもありました。

やはり、最初は現場のスタッフから不満は出ましたが、業界水準以上に手間をかけすぎていた作業工程や不要な二重チェック体制、顧客のニーズに合わないオーバースペックな作業工程を減らして業務を簡素化したり、過剰な事務スタッフの仕事を減らしたりして、利益が出る財務体質へと構造を転換しました。


この「1人あたり粗利」は、新たにスタッフを雇うときの基準にもなります。スタッフを増やすことで粗利が増えて、結果として1人あたり粗利が増える、もしくは維持できるのであれば、増員しても全く問題はありません。しかし、1人あたり粗利が減ってしまうとなると、結果として会社の利益、ひいては資金繰りに悪影響が出てしまいます。

これまで私が見てきた中で、慢性的な赤字体質に陥ってしまっている会社の多くがこの判断を間違えて無計画にスタッフを増員し、利益を出すのが困難になってしまっています。

無計画な採用は会社の資金繰りに与える悪影響も大きいです。社会保険料や研修費を考えると、新たに1人採用するだけで思いのほか費用がかかってしまいます。

さらに、人件費は「過剰だから」といってすぐに削減できるような費用でもないので、そもそもの投資判断がより重要です。

もちろん、中長期的に見て、今後の店舗を任せる店長候補や幹部候補の育成のために戦略的に雇う場合であれば、すぐに１人あたり粗利が増えなくても大丈夫かもしれません。

しかし、いつまで経っても粗利増加が見込めないのであれば、かえって増員によりキャッシュフローは苦しくなってしまうだけなので、利益を考えたらイマイチということになってしまうのです。

6 日々の予実管理ではどこを見ればいい？

日々の利益を管理していくためには、目標となる月次損益計画を作り、実績と計画を比較分析する「予実管理」を行なうことが有効です。よく「計画なんて作っても、その通りにいかない」「当たらないから意味がない」と思われる方もいますが、そもそも大前提の考え方が異なります。

計画は、別に将来の数字を当てるために作るのではありません。**目標利益を達成するための道筋を具体的なレベルに落とし込み、進捗を管理する**ために作るのです。例えるなら、フルマラソンを走る際に、区間ごとの目標タイムを設定しておいて、中間ポイントごとにタイムを計測するのと同じです。

具体的には、年間の利益目標を達成するために月次の損益計画を作り、毎月の試算表と照らし合わせて進捗を確認します。これにより、「このペースでいけば上振れで着地できる」

「今のままでは目標にたどり着かない」といったことがわかります。

ここで重要なのは、計画が当たるか当たらないかではないということです。計画と実績の差異を分析して、行動の見直しや改善策を練るなど、**高速でＰＤＣＡを回していくことが真の目的**です。

では、そんな予実管理を行なっていくうえで、どういった科目を見ていけばよいでしょうか。ここでは、特に注目すべき科目を６つ紹介します。

①売上高……損益計画と月次試算表の売上高を比較します。売上高については、店舗ごとに目標との差異を確認します。

②原価率……原価についても、店舗ごとに目標の原価率との差異を分析します。原価は売上の増減によって変動するため、「額」ではなく「率」で予実管理を行なうのが効果的です。

③粗利額……粗利も店舗ごとに目標との差異を分析します。粗利は狙い通りの金額が稼げているか、「額」に着目して予実管理を行ないます。

④販管費……販管費については、それぞれの勘定科目ごとに、全社単位で計画との差異を分析します。もちろん、販管費も店舗ごとに細かくチェックできたら理想ではあります

が、それだとさすがに時間がかかりすぎてしまいます。社長が見るポイントとしては、まずは全社で見てみて、突出して計画とのギャップが大きい科目についてのみ店舗別で見ていくのがオススメです。

⑤営業利益額……営業利益は5つの利益の中で一番重要な科目です。これも「率」ではなく、狙い通りの「額」が全社として達成できているかをチェックしていきます。

⑥KPI……その他、試算表に載っている科目以外についても、主要なKPI（重要業績評価指標：目標利益を達成するための肝となる指標）を毎月チェックしていきます。たとえば、飲食店であれば各店舗の「客単価」や「客数」、スポーツクラブであれば「会員数」、調剤薬局であれば「処方箋枚数」など、損益計画を達成するために重要な要素を決めて、毎月計画との差異をチェックします。

KPIは思わずたくさん盛り込んでしまいたくなりますが、多いとかえって目標がブレてしまいます。本当に重要な1～2個程度に抑えるのがいいでしょう。

以上6つの科目について、エクセルに損益計画と月次試算表の実績を並べた**予実管理表**を作るなどして分析していきます。

ここでポイントになるのは以下の３点です。

・毎月継続して行なうこと

一度は予実管理にチャレンジしたものの、結局習慣化できずに終わってしまったという苦い経験がある社長も少なくないと思います。予実管理は毎月継続して行なっていくことで会社の傾向が見えてきますし、今後作る計画の精度もどんどん上がっていきます。月に１度でいいので「毎月〇日の午前中は予実管理に充てる」など**時間を決めて継続する**ことがオススメです。

「どうしても自分１人では続けられない」という方は、「顧問税理士との打ち合わせ日に一緒に確認する」「コンサルタントとの打ち合わせ日に一緒に分析する」といったように、外部を巻き込んで習慣化することも効果的です。

・単月＆累積の両方を見ること

毎月の予実管理を行なっていくうえで、単月の数字だけを見て一喜一憂していても仕方ありません。オススメは、**その期の累積の数字も見る**ということです。

●図18　予実管理表

合計	4月				
	計画		実績		差異
売上高	**18,000**	**－**	**17,800**	**－**	**－200**
A店	10,000	55.6%	9,600	53.9%	－400
B店	8,000	44.4%	8,200	46.1%	200
〈売上原価〉	**1,800**	**10.0%**	**1,750**	**9.8%**	**－50**
A店	1,000	10.0%	1,000	10.4%	0
B店	800	10.0%	750	9.1%	－50
〔売上総利益〕	**16,200**	**90.0%**	**16,050**	**90.2%**	**－150**
〈販管費〉	**15,000**	**83.3%**	**15,500**	**87.1%**	**500**
給与手当	3,000	16.7%	3,200	18.0%	200
〔営業利益〕	**1,200**	**6.7%**	**550**	**3.1%**	**－650**
〔KPI〕	**計画**		**実績**		**差異**
会員数－A店	1,000		960		－40
会員数－B店	800		800		0

たとえば期首が1月で、現在が6月だとすると、毎月の予実管理でチェックするのは「6月単月の数字」と「1～6月累計の数字」です。単月と累計それぞれで、計画と実績の差異を追いかけることで、期末の利益予測も立てやすくなります。

・比べるべきは「計画」と「前年実績」

毎月の実績を比較する際には、**「計画との比較」または「前年実績との比較」**がいいでしょう。「計画との比較」は言うまでもありませんが、「前年実績との比較」も前期から改善した点や悪化した点が目に見えてわかるのでオススメです。

逆に、そこまで効果的でないと感じるのは「業界水準」と比べることです。確かに、業界水準は1つの目安として参考にはなりますが、中小企業の場合、会社ごとに利益構造も異なるので、あくまでも参考にしかなりません。業界水準の数字と見比べて議論するよりも、自社独自の計画と比べて分析するほうが効果的です。

7

多店舗化するなら店舗別会計は絶対必要！

ここまで、毎月の予実管理を行なうことで、数字をもとに効果的にＰＤＣＡを回していくことができるというお話をしました。そのために必要なのが、**正しい月次損益の実績数字を毎月タイムリーに算出する**ということです。

いざ予実管理を行なおうにも、実績の数字が出ないことには始まりません。そこで、

①店舗別会計を導入する
②試算表を翌月15日までに作る
③概ね正確な損益を出す

この3つを必ず徹底してください。

①店舗別会計を導入する

複数店舗を経営している会社では、会社全体の損益を計算する際に、各店舗の損益＋本部の損益（基本的に本部は費用のみ）というように店舗ごと分けて損益を出すことが通常です。これを「店舗別会計」といいます。

2店舗以上経営している会社は、店舗別会計は必須です。逆にこれができていないと、それぞれの店舗の利益がわからないため、経営にも支障が出てしまいます。もし不採算の店舗があったとしても、店舗別会計をしていなければ気がつくのにも時間がかかります。仮に全社で利益が出ていればなおのこと、実は店舗単体では不採算だったことに気がつかずに赤字を垂れ流してしまうこともあります。

さらに、不採算店舗の利益を改善しようにも、どこが問題なのかも見えてきません。その店舗の原価率も販管費もどのくらいかわからず、改善のしようもなくなってしまいます。

また、注意しないといけないのは、仮に店舗別会計を導入していたとしても、**各店舗の損益が正しく表されていない可能性がある**ということです。

よくあるのが、スタッフの給与や社会保険料をA店舗の経費として登録しているものの、実際にはそのスタッフはB店舗で勤務しているようなケースです。この場合だと、損益上

●図19　店舗別会計のイメージ

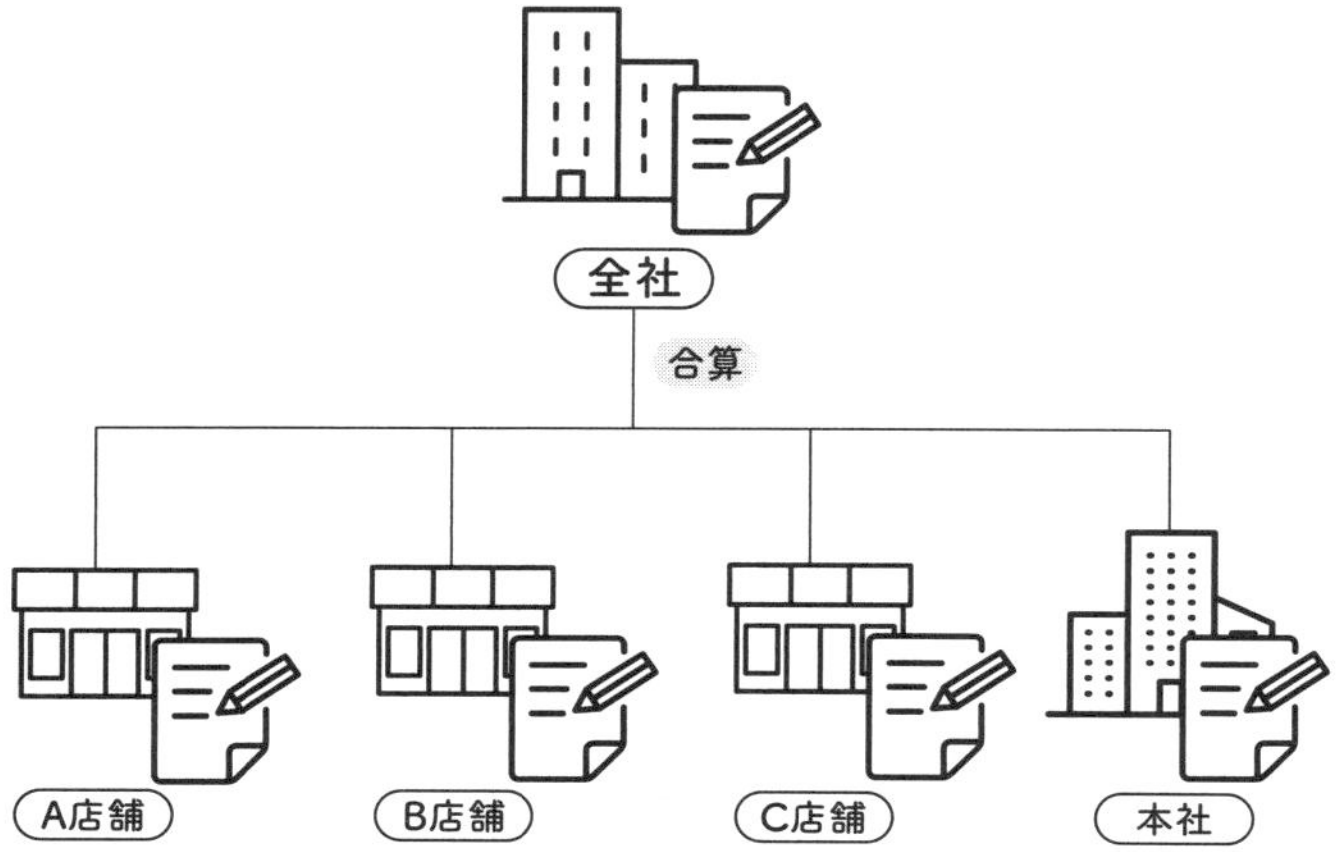

はA店舗がB店舗の人件費を負担していることになり、A店舗は実際よりも利益が少なく、逆にB店舗は実際よりも利益が多く見えてしまいます。

実際に、私の顧問先でも人件費の振り分けが実態とズレており、各店舗の利益が数百万円単位で異なっていたこともありました。人件費を実態に合わせて振り直すと、これまで高収益だと思っていた店舗が実は低収益で、逆に低収益だと思っていた店舗が実は高収益だということがわかりました。

これでは、経営判断を行なおうにも間違った意思決定を引き起こしてしまいます。本来であれば勤務時間に応じてA店舗とB店舗の人件費に振り分けるのが理想ではありますが、実際問題、中小企業では煩雑な管理をしているリソースはありません。人の異動が多い業種では、せめて各スタッフの人件費が、どの店舗の経費としてマスタ登録されているかを定期的に見直すなどの工夫が必要です。

②試算表を翌月15日までに作る

試算表は、遅くとも翌月15日まではできあがっている状態にしてください。試算表とは月ごとに貸借対照表や損益計算書を作成したもので、いわば月次で行なう決算のようなものです。試算表ができあがるのが遅いと当然、経営判断に使えなくなってしまいます。

よくあるのが、**試算表ができあがるのに2～3ヶ月かかるようなケース**です。たとえば4月になって初めて1月の利益がわかるようなものです。4月になって今さら1月の損益を分析しても、ほとんど経営の役には立ちません。万が一思ったほど利益が出ていなかったとしても、気がつくのが翌月か、3ヶ月かかるかで大きな差が出てしまいます。

③概ね正確な損益を出す

最後に、概ね正確な損益を出します。こちらについては、次項で詳しく解説します。

8 正確な損益を出すための試算表のポイント

みなさんが普段見ている試算表の利益は、実態を正しく反映していないということが多々あります。実は、**試算表を作る人がどのような処理をするかによって利益額は大きく変わります**。

利益が現実を正しく表していなければ、「先月は利益目標を達成することができた」などと議論をしても、全く意味がありません。せっかくの予実管理も効果がなくなってしまいます。そこで、概ね正確な損益を出すうえで、以下のポイントに最低限気をつけるようにしてください。

・発生主義で処理する

売上や経費を計上するタイミングについては、発生主義と現金主義という考え方があります（厳密に言えば、売上については実現主義というより厳しい基準を使います）。

会計のルールでは発生主義を用いることが原則です。これにより会社の正しい儲けの額を計算することができるのですが、実際の中小企業では、処理を簡素化するために現金主義で処理してしまっているケースも見られます。これだと毎月の利益額を見ても実態とは合わないですし、収益と費用が同じ月で対応しないので、毎月の原価率も大きくぶれてしまいます。

・税抜で処理する

日々の売上や経費を記帳するうえで、消費税を税込で処理するか税抜で処理するかは任意で選ぶことができます。処理が楽なのは税込のほうではありますが、期中の利益を正しく計算するためには、基本的には税抜で処理するのが正解です。

税込で処理していると、預かっている消費税分は、決算のときに「租税公課」としてまとめて費用に算入します。これで決算時には正しい利益が出るのですが、期中の段階では実際より利益が多く見えてしまいます。

私自身の過去の恥ずかしい失敗例ですが、顧問先の損益管理をしている中で、銀行にも「今期の利益見込みは○円になりそうです」と報告していたところ、いざ期末に租税公課として消費税を計上すると想定以上に消費税額が大きく、報告していた利益に届かずヒヤリとしたこともありました。

・月次棚卸をする

第1章でお伝えした通り、売上原価には売上に対応する分の仕入しか計上しません。会計上は期末の在庫を加味して原価を調整しています。

月次試算表を作るときにも、正しい原価や粗利を出そうと思ったら、毎月の棚卸が必要になります。逆に棚卸をしないと、仕入れが多かった月と少なかった月で数十%単位の粗利率のズレも出てきてしまい、予実管理も行なえません。

理想をいえば、毎月棚卸を行なって、正確な在庫金額を算出するのがベターです。

しかし、業種によっては毎月棚卸をするのはリソース的に難しいかもしれません。その場合は、実地棚卸は四半期や半期に一度でいいので、せめて在庫管理システムや管理台帳上の理論在庫を計算して、毎月の原価を出していくようにしてください。

・減価償却費を月次計上する

減価償却費については、記帳を簡素化するために、決算時に一括して1年分の金額を計上するという処理の方法が多く見られます。この方法は決算では問題ありませんが、期中の利益が不正確になってしまうので問題です。

期中に利益が出ていると思っていても、いざ決算のときに数百万円単位で減価償却費を計上した結果、結局のところ赤字だったということも少なくありません。

こうなってしまうと利益の予測も難しくなってしまうので、減価償却費は毎月分割して計上するといいでしょう。たとえば年間で３００万円の減価償却費が計上される場合、毎月25万円ずつ計上していくことで、期中の利益の精度を高めることができます。

以上、正しい利益を出すために最低限押さえていただきたいポイントについてお伝えしました。

より正しい利益を出そうと思うと、さらに細かな点も出てきてキリがありませんが、ここで挙げた項目は利益に数百万円単位でのインパクトを与えうるので、最低限押さえていただきたいと思います。

実際にこれまで述べた通りの予実管理に使える月次試算表を作ろうと思ったら、顧問税理士の協力は不可欠ですが、「来月からやっておいてください」といって顧問税理士に丸投げでできるものでもありません。当然、会社側からのタイムリーかつ正確な報告も必要になります。

ぜひ、顧問税理士に**「予実管理のために正しい月次をタイムリーに出したい」「そのためにウチとしては、どんな報告をいつまでにすればいいか」**と相談して、どういった方法であれば実現可能かしっかりとコミュニケーションを取ることをオススメします。

また、店舗数が5店舗を超えてきたあたりのタイミングで、自社で経理スタッフを雇って記帳を行なう**自計化**もオススメです。ある程度正しい月次試算表を素早く作ろうと思ったら、会計事務所にも限界はあるので、自計化することが確実です。

会計事務所も、自計化のサポートを得意としているところも多いので、まずは一度顧問税理士に相談してみてください。

財務体制を整えていくには、まず基本の経理体制ができていないと何もできません。経理体制は店舗数が少ないうちに整えておかないと、店舗数が増えるにつれ、どんどん煩雑になってしまいます。**処理が単純な規模のうちから体制を整えておく**ようにしてください。

9 節税はしたほうがいい？ しないほうがいい？

店舗経営者に限らず、多くの社長は「節税」に興味があると思います。利益が出そうになると、顧問税理士に頼んで、利益を圧縮するような処理をお願いするという社長も多いかもしれません。

しかし、こと店舗経営において、**節税することは実はマイナス要素のほうが大きい**のです。世の中にある節税スキームのうち大半のものは、会社の利益を減らすことで利益に対してかかる法人税等を少なくする仕組みです。

仮に利益が１０００万円出そうな会社が無理やり経費を使って利益を１００万円に圧縮したとします。このときに税率が30％だとすると、節税前の支払う税金は３００万円（利益１０００万円×30％）で、節税後の支払う税金は30万円（利益１００万円×30％）となります。

図20　節税とキャッシュフローの関係

	節税前	**節税後**
利益	1,000万円	**100万円**
納税額	300万円	**30万円**
手残り	700万円	**70万円**

納税額は270万円減って

キャッシュは630万円減った

支払う税額だけで見れば、３００万円から30万円に圧縮されているので、２７０万円の節税効果がありました。

ここだけ見ると一見得したかのように思えますが、そうではありません。

税金を支払った後の手残りの金額を見ると、節税前は７００万円（利益１０００万円－納税額３００万円）ですが、節税後は70万円（利益１００万円－納税額30万円）となり、手残りの金額は６３０万円減ってしまうのです。

つまり、**法人税等を２７０万円節税したばかりに、手残りの金額が６３０万円マイナスになってしまいます**。これでは本末転倒ですよね。

さらにいえば、店舗系ビジネスでは、この手残りの金額から、さらに銀行返済が引かれます。

仮に銀行への返済が５００万円だとすると、節税前のケースでは返済後のキャッシュフローは２００万円（手残り７００万円－返済５００万円）ですが、節税後のケースでは▲４３０万円（手残り70万円－返済５００万円）となります。これでは会社のキャッシュフローは急激に悪化してしまいます。

本章のはじめに必要利益の考え方についてお伝えしましたが、そもそも設備資金の借入が多い店舗系ビジネスでは、出さないといけない必要利益の金額はどうしても大きくなりがちです。それなのに節税で利益を削ってしまうと、銀行への返済財源が十分に確保できずにみるみる会社のキャッシュがなくなってしまいます。

挙句の果てに、このような節税とキャッシュフローの関係を知らないがゆえに「キャッシュが増えないのは税金のせいだ！」などと見当違いなことを言って、さらなる節税商品を探そうと血眼になっている社長もたまに見かけますが、実は全くの的外れなのです。

店舗系ビジネスでは、利益を出し続けるのはある種避けられない宿命のようなものです。**借入するなら節税しない、節税するなら借入しない**ということを心に留めていただきたいと思います。

また、さらなる発展・成長など攻めの戦略的に考えても、過度な節税はオススメしません。節税をして会社の利益を意図的に減らしてしまうと、どうしても「利益の少ない会社」と思われるので、その分銀行からの評価は下がります。銀行からの評価が下がると、店舗展開をしたくても、銀行が積極的に対応してくれずに成長が止まってしまいます。

過去に私のところに「銀行から融資を受けられず困っている」という相談がありました。その会社は節税のために毎期「ちょっと赤字」を作っている状態でした。本来的な実力は高いのでしょうが、決算書上は赤字が続いて債務超過になってしまっています。

このような状況では、いくら「節税のためにわざと赤字にしていたんです」と言ったとしても、事実として赤字かつキャッシュも減っている以上、銀行も良く思ってくれません。

結局、その会社は次期の決算書が出るまで1年弱の間融資を受けることができず、相当な時間をロスしてしまいました。もし本末転倒な節税をせずしっかりと利益を出していれば、銀行評価が上がり、さらなる融資を受けて投資を行ない、より多くの利益とキャッシュを残せたかもしれません。

目先の納税額にとらわれて短期的に節税に走るのではなく、中長期的な利益を見越すのであれば、こと**店舗系ビジネスでは節税しないほうがメリットは大きい**のです。

第3章

キャッシュを残しつつ拡大していく店舗経営の「投資」

1 設備投資は超重要！キャッシュフローに与えるリスク

第3章では、店舗系ビジネスにおける3つの財務の考え方（利益、投資、調達）のうち、投資についてお話をします。

どんなビジネスでも売上を上げて利益を増やすためには先行投資が必要ですが、特に店舗系ビジネスの場合、先行投資の重要性は他の業種よりも大きいです。新店舗オープンなど、多額の資金をかけた先行投資に失敗してしまうと、既存店が生み出した利益を食い潰して一気に資金繰りが悪くなってしまうことにもなりかねません。

嫌なシミュレーションですが、仮に大きな出店コストをかけて赤字店舗を出してしまったときのキャッシュフローの動きを試算してみましょう。

- **既存店：1000万円で出店（銀行融資7年返済）、店舗が生む利益50万円／月**
- **新店舗：3000万円で出店（銀行融資7年返済）、店舗が生む利益▲50万円／月**

●図21　不採算店舗を出したときのCFシミュレーション

	既存店	新店舗	合計
店舗が生む利益	50	－50	0
銀行返済	－12	－36	－48
返済後CF	38	－86	－48

ぱっと見る限り、新店舗が不採算とはいえども、既存店と合わせた合計の利益はプラスマイナスゼロになるので、なんとか既存店で支えることができている範囲のように思えますが、実際にキャッシュフローを計算してみます（ここでは、話をシンプルにするために減価償却費は無視して考えます）。

まず、既存店は利益が月50万円です。そこから店舗オープンの初期費用の分の融資を返済しています。既存店は1000万円を銀行から7年（84回）返済で借りているので、毎月の返済額は12万円（1000万円÷84回）となり、返済後のキャッシュフローは38万円となります。既存店単体で見ればキャッシュフローはプラスの状態で、なおかつ借入の返済原資も稼げており、理想の状態です。

次に新店舗を見てみます。新店舗は残念ながら思ったように利益が出ず、店舗が生む利益は月▲50万円です。さらに、初期投資3000万円の融資の返済のため、毎月の返済額36万円（3000万円÷84回）も追加で必要になります。すると新店舗の返済後のキャッシュフローは▲86万円となり、既存店が生むキャッシュを食い潰してしまいます。

このままでは会社全体で月48万円のキャッシュアウトが続き、早く対策を取らなければ資金繰りに困窮してしまいます。

このように多額を投資したものの不採算店舗となってしまうと、ただでさえ赤字の分だけキャッシュを減らしているのに、そこに銀行返済が増加するというダブルパンチとなり、**見た目の赤字以上に猛スピードでキャッシュが減ってしまう**ことになります。

実際、このようなシナリオで急速に資金繰りが悪化する会社は後を絶ちません。店舗系ビジネスにとって設備投資は非常に重要な意味を持つのです。**投資の失敗リスクを最小限に抑えつつ、万が一失敗しても傷が浅いうちに撤退する**判断が必要になります。

2

ROI（投資利益率）を使いこなす！失敗しない投資判断の方法

●図22　どちらの店舗のほうが儲かっている？

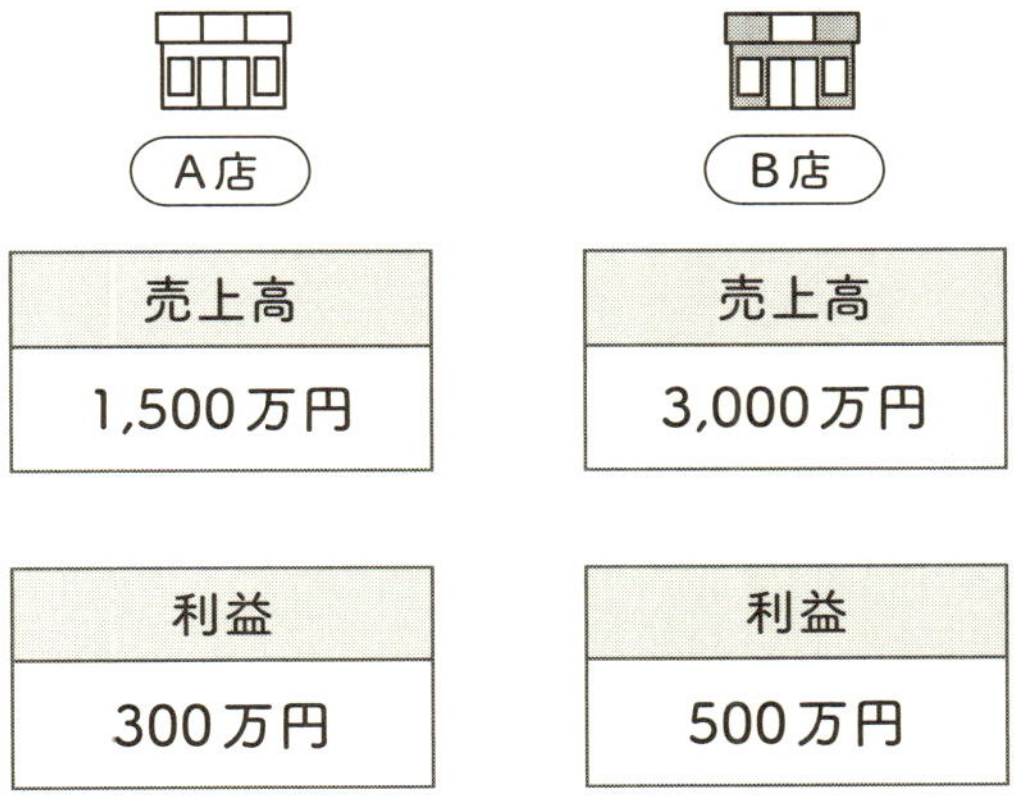

簡単な質問です。図22のA店とB店、どちらが儲かっていると思いますか？

パッと見るとB店のほうが売上も高く利益も出ているので儲かっている店舗のように思えます。しかしながら、場合によっては利益の少ないA店のほうが儲かっているということも起こりうるのです。

この図では、A店とB店それぞれの売上と利益を比較しましたが、実はここに出てこなかったもので1つ重要なものがあります。

図23　キャッシュフローの比較

	A店	B店
投資額	1,000	4,000
売上	1,500	3,000
利益	300	500
返済	**100**	**400**
返済後CF	**200**	**100**

残るキャッシュは大きい！

それは**投資額**という観点です。「お店をオープンするのに初期費用がいくらかかったか」も、お店の儲けを考えるときには利益と並んで非常に重要になります。

たとえば、A店をオープンするのに初期費用が１０００万円、B店をオープンするのに初期費用が４０００万円かかっていたとします。このとき、A店とB店どちらも初期費用を10年返済の融資でまかなっていたとすると、A店の返済額は年間１００万円、B店の返済額は年間４００万円となります。

ここで、利益から返済を引いた返済後のキャッシュフローを見比べてみると、A店は２００万円（利益３００万円－返済

１００万円）、Ｂ店は１００万円（利益５００万円－返済４００万円）となります。

つまり、Ａ店のほうが利益は２００万円少ないものの、キャッシュでいえば１００万円多いということになります。

このように、キャッシュフロー目線で考えるならば、単なるＰ／Ｌ上の利益額の大小だけではなく、**初期投資の費用に対して利益がどのくらい出ているか**を考える必要があります。

ここで知っていただきたいのが**ＲＯＩ（Return On Investment）**という言葉です。ＲＯＩは「投資利益率」、**つまり投資額に対してどのくらい利益が出たか**という意味になります。

ＲＯＩは、次の式で表すことができます。

・ＲＯＩ（％）＝利益÷投資額×１００

たとえば、１００万円の投資に対して年間２００万円の利益を上げたら、ＲＯＩは

200％（利益200万円÷投資額1000万円×100）ということになります。

試しに、先ほどのA店とB店の例でROIを計算してみます。

A店は投資額1000万円に対して利益300万円なので、ROIは30％（利益300万円÷投資額1000万円×100）となります。かたやB店は投資額4000万円に対して利益500万円なので、ROIは12・5％（利益500万円÷投資額4000万円×100）となります。

つまり、ROIでいうと、A店は30％で、B店の12・5％よりも投資効率の面で優秀ということになります。

ROIは、**高ければ高いほど早期に投資回収ができることを指すので望ましい指標**です。店舗系ビジネスで投資判断を行なう際にいったいどのくらいのROIがあればいいかというと、図24に大まかな指標の目安をまとめました。

ROIが100％以上だと、1年以内に初期投資額を全額回収できるということになり、超優秀な店舗です。50％以上のラインでも、2年以内に回収できるということですので、これでもかなり優秀です。

●図24　ROIの目安

ROIの目安	
・100％以上	：超優秀
・50％	：優秀
・30％	：目標ライン
・10％	：資金繰りが厳しい

出店や設備投資をするときには、**最低限ＲＯＩが30％のラインを超えているかどうか**を基準に考えてみてください。ＲＯＩが30％ということは、概ね３年ほどで投資額を全額回収するイメージです。

設備資金で融資を受けるときは、７〜10年程度の期間で借りるのが通常なので、３年で回収できるだけの利益が出せるならば、毎月の銀行返済をしたうえでも資金繰りに余裕が出ます。万が一、想定していた利益に若干及ばなかったとしても、それでも返済できるだけのキャッシュフローは確保することができます。

逆に、計画段階で見込みのＲＯＩが10％を下回っていると、資金繰りはかなり厳しくなってしまいます。この場合、初期投資額を抑えるか、利益をもっと増やせない限り、投資はしないほうが賢明といえます。

このように、投資判断を行なう際には、**常にROIを考えるクセをつける**ことで、効率の悪い投資を避けることができます。ついつい、思いつきや勢いだけで新規出店をしたり、回収のことを考えずに初期投資額を多くかけたりしてしまいがちなので気をつけましょう。

新店舗を出すときはどうしてもワクワクして気分も乗っていますし、自分のこだわりも詰めて物件取得費や内装費を多くかけたくなる気持ちは誰にでもあるとは思います。しかし、後々になって資金繰りに困らないためにも、**投資を行なう際には回収をセットに考える**ということを習慣にしてください。

3 設備投資は自己資金で行なう？銀行から借りる？

設備投資を行なう際には、自己資金で行なうか、それとも銀行から融資を受けるかの選択肢があります。中には「借金はしたくないからなるべく自己資金で行なう」と考える方もいるかもしれません。

しかし、設備投資を自己資金のみで行なうのは非常にリスクが高いです。**設備投資こそ銀行融資を積極的に活用する**ことをオススメします。理由は、以下の２点です。

理由①　手元キャッシュが減ってしまうから

まず１つ目の理由についてです。設備投資を自己資金で行なおうとすると、当たり前ですが手元のキャッシュが減ってしまいます。

仮に８０００万円のキャッシュを持っている会社が５０００万円の設備投資を行なって、この設備が月１００万円の利益を生むとします。

まず、借入で設備投資した場合を考えてみます。銀行から5000万円満額の融資（10年返済）を受けたとすると、毎月のキャッシュフローは設備が生む利益100万円から銀行返済分42万円（5000万円÷120ヶ月）を差し引いて58万円プラスとなります。

次に、全額自己資金で設備投資をしたときを考えてみます。この場合、設備投資を行なった1月は大幅にキャッシュを減らしてしまいますが、翌月以降は設備が生む利益がそのまま残るので、キャッシュフローは月100万円プラスとなります。

一見、「自己資金で設備投資をしたほうが、毎月のキャッシュフローが多くなるからいいのでは？」と思うかもしれませんが、ここで注目していただきたいのは**毎月の手元キャッシュ残高**です。

借入で設備投資をした場合には、1月のまとまった出費は融資から賄えるので、手元キャッシュの8000万円を減らさずに済みます。さらに、その設備が借入の返済以上に利益を生み出すことができれば、手元キャッシュは元の8000万円以上に着実に増えていきます。

かたや自己資金で設備投資をした場合、設備投資を行なった1月に5000万円のキャッシュアウトが生じているため、手元キャッシュの残高は3000万円程度まで減っ

●図25　自己資金と融資の設備投資シミュレーション

●借入で設備投資した場合

（単位：万円）

	1月	2月	3月	4月
借入	5,000	0	0	0
設備購入	－**5,000**	0	0	0
設備が生む利益	100	100	100	100
銀行返済額	－**42**	－**42**	－**42**	－**42**
CF増減	58	58	58	58
手元キャッシュ残高	**8,058**	**8,116**	**8,174**	**8,232**

●自己資金で設備投資した場合

（単位：万円）

	1月	2月	3月	4月
借入	0	0	0	0
設備購入	－**5,000**	0	0	0
設備が生む利益	100	100	100	100
銀行返済額	0	0	0	0
CF増減	－**4,900**	100	100	100
手元キャッシュ残高	**3,100**	**3,200**	**3,300**	**3,400**

てしまいます。これだと、いくら設備が利益を生んだとしても、設備投資前よりも手元キャッシュが少ない状態です。**せっかく設備投資を行なって利益が増えたのに、かえって手元キャッシュが減っている**というなんとも残念な状況です。

このように、手元キャッシュの残高を維持しておくことを考えれば、設備投資は自己資金ではなく融資を活用したほうがいいのです。

理由② あとになって融資が必要になっても難しいから

設備投資を融資で行なったほうがいい理由の2つ目は、設備投資を行なう際に融資を受けておかないと、あとになって借りたくなっても難しいからです。

仮に設備投資がうまくいかず赤字を出してしまった場合、そのタイミングで**あわてて銀行に駆け込んでも融資を受けるのは難しい**でしょう。銀行としては、これから設備投資をするための融資は積極的に検討することができるとしても、単なる赤字補塡のための融資に前向きになることはできないからです。

さらに、運良く赤字補塡の融資が借りられたとしても、設備資金と違って**多額を借りることは難しくなってしまいます。**

過去に相談を受けた会社の例です。その会社は美容サロンを経営しており、既存のビジネスがうまくいってキャッシュに余剰が出てきたことから、銀行に頼らず手元のキャッシュ２０００万円を使って新店舗をオープンしました。

しかし、想定と反して新店舗の売上が上がらず、みるみるキャッシュが減り、あわてて銀行に駆け込みました。しかし、銀行としても、赤字補塡の融資なので多額の貸出しはできません。銀行の担当者も頑張って保証協会に駆け寄ってくれましたが、それでも５００万円が関の山でした。

資金繰りが厳しい状況だと、たとえ５００万円でもありがたいですが、これではわずかな時間稼ぎにしかなりません。もし、この会社が最初から設備資金で２０００万円の融資を受けていれば、資金繰りの余裕はまるで違ったのにと思います。

店舗系ビジネスにとって、**設備投資を行なうときは一番融資を受けやすいタイミング**でもあります。銀行からすると、資金の必要性や使い道がはっきりしているので、まとまった金額の融資がしやすいのです。

このように、**設備投資を行なう際には、自己資金で行なうのではなく融資を活用すること**で日々の資金繰りを楽にすることができます。

4 脱・金利至上主義！設備資金で一番大事な融資のポイント

前項で、設備投資は融資を活用するとお伝えしました。ここからは、設備資金で融資を受ける際に最も重要なポイントについてお話ししていきます。

中小企業の社長に対して「融資を受けるときの条件で、どこを気にしますか？」と聞くと、ほとんどの方は「金利が一番気になる」と答えます。確かに金利は大事ではありますが、キャッシュフローのことを考えると、実は金利以上に重要なものがあります。

それは、**借入期間**です。

たとえば、設備資金として３０００万円の融資を受けるにあたって、Ａ銀行とＢ銀行の2行から提案を受けたとします。

それぞれの銀行が提案する条件は以下の通りです。

・A銀行：金利１％　借入期間５年
・B銀行：金利３％　借入期間10年

この場合、A銀行とB銀行のどちらから借りたほうがいいでしょうか？

一見、金利だけを見るとA銀行のほうが良い条件のように思えます。しかし、キャッシュフロー目線で考える場合、**金利ではなく借入期間で選ぶのが正解**です。借入期間が長いほど、毎月の元金返済が少なく資金繰りに余裕が生まれるからです。

試しに、A銀行の提案とB銀行の提案を見比べてみましょう。

A銀行の提案では、金利は1％なので年間30万円（３０００万円×１％）、元金返済額は年間６００万円（３０００万円÷５年）となります。つまり、金利の支払と元金返済を合わせて年間で６３０万円の支出となります。

かたやB銀行の提案では、金利は３％なので年間90万円（３０００万円×３％）と、金利だけを見ればA銀行よりも３倍高い負担額となります。しかし、元金返済は年間３００万円（３０００万円÷10年）なので、金利の支払と元金返済を合わせて年間で

● 図26　借入期間と金利が資金繰りにどう影響するか？

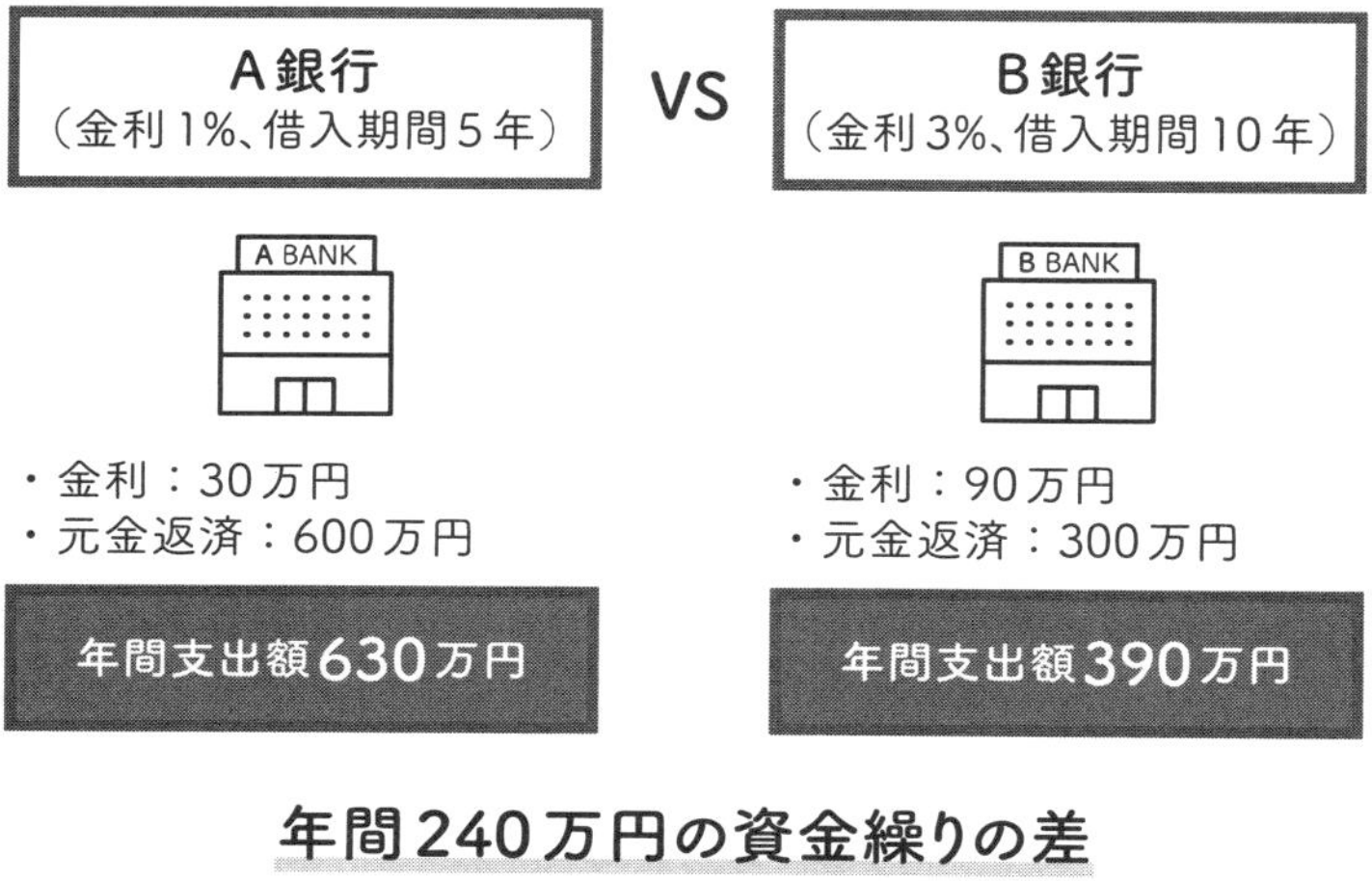

390万円の支出となります。

ここでA銀行とB銀行の支出額を見比べてみると、A銀行のほうが金利は安いのにもかかわらず、年間の総支出額でいえば**B銀行のほうが240万円も少なく済む**ということになります。

「金利がもったいないから」と安い選択肢を選んだつもりが、かえってキャッシュフローを悪化させることになりかねません。

原則として、資金繰りに余裕を持たせるならば、**借入期間は長ければ長いほうがいい**のです。

長く借りることで、トータルで支払う利息こそ大きくなりますが、それでも毎月の元金返済が少なく済みます。毎月の返済額が少なく済めば、その分設備が生む利益が会社に残るので、より多くのキャッシュを会社に残すことができます。

特に設備資金の場合、最初に借入期間を決めてしまうと、その後に期間延長の交渉をすることは困難になります。そのため、**最初に何年返済で借りるかというのは非常に重要な意思決定**になります。

この判断を見誤ってしまうと、仮に利益が出ていたとしても返済負担が大きく、稼いでも返済をやりくりするのが精一杯という状態に陥ってしまいます。

5 2店舗目、3店舗目を出すタイミングはいつがベスト？

新店舗を出すときには、物件選びや人材の確保・育成など考えないといけないことが多くありますが、それらと並んでキャッシュフローについて検討するのも重要です。

いざ次の店舗を出そうとなると、ついつい「早くお店を出したい」という気持ちが大きくなり、無理のある出店をしてしまいがちです。しかし、無理な出店により新店舗が十分な利益を生まない状況になってしまうと、前述の通りキャッシュフローが急速に悪化してしまいます。

このようなリスクをできる限り小さくするためには、新規出店をする際に次の2つの基準に当てはまっているかを考えてください。

①既存店舗のキャッシュフローがプラスである

②新店舗の月商3～4ヶ月分程度の手元キャッシュが確保できる

●図27　2店舗目に踏み切っていいCFの状態

	NG例	OK例
利益	50	50
減価償却費	20	20
返済	－80	－50
返済後CF	－10	20

具体的に解説していきます。

①既存店舗のキャッシュフローがプラスである

新店舗を出すときには、この条件はマストです。そもそも既存店のキャッシュフローがマイナスな状況で新店舗を出してしまうと、どうしても新店舗にリソースを取られてしまい、既存店のキャッシュフロー改善が困難になります。

順番としては、**まずは既存店でキャッシュフローを確保してから、その後に新店舗を出していく**のがセオリーです。

ここでいうキャッシュフローとは、銀行

返済後のキャッシュフローのことをいいます。つまり、既存店の利益＋減価償却費が、既存店をオープンする際にかかった設備投資の返済額を上回っているという状態です。

たとえば、図27のNG例だと利益＋減価償却費の合計が70ありますが、既存店の初期投資分として80の返済があるので、お店は黒字でもキャッシュフローがマイナスの状況です。そもそも既存店単体で資金繰りが回っていないので、この状況で新店舗を出すのはリスクが高くなります。

逆にOK例は、利益＋減価償却費の合計が同じく70ですが、返済が50なのでキャッシュフローは20プラスの状態です。この状態が安定して継続できていれば、既存店はキャッシュを生み出している状況なので、新たなチャレンジにも安心して臨めます。

②新店舗の月商3～4ヶ月分程度の手元キャッシュが確保できる

新店舗をオープンする際には、**余裕のある運転資金を用意しておく**ことは非常に重要です。ついつい、まとまった設備資金のみに目が行きがちですが、実際には設備資金だけではなく、人件費や仕入代、広告宣伝費といった運転資金も必要になります。さらに、店舗をオープンしてから最初の数ヶ月は、売上も上がりきらずに人件費や広告宣伝費などの経費ばかり出ていきます。

なんとか設備資金を確保するので精一杯で、運転資金の余裕がないという状態で店舗をオープンしてしまうと、軌道に乗るまでの間は資金繰りが非常に厳しくなります。また、工事期間が伸びてオープン日が遅れたり、スタッフが集まらなかったりなど、イレギュラーなことがあると一気に資金ショートのリスクも高まります。

そのため、店舗をオープンする際には、自由に使える手元資金としてある程度の用意をしておきましょう。どれくらいの手元資金が必要になるかは、予測資金繰り表（詳しくは第６章）を使って算出するのが確実ですが、目安としては、**少なくとも新店舗の月商３～４ヶ月分程度の手元キャッシュ**を確保しておくのが１つの基準になります。

これら２つの基準を押さえたうえで、新店舗の予測ＲＯＩも加味しながら、出店するかどうかを決めていただくと、最悪の事態に資金ショートしてしまうリスクを小さくすることができます。

6 店舗撤退の判断基準はココを見る！

店舗系ビジネスでは、いざ新店舗を出してみるまで、「結局のところ利益が出るかどうかわからない」ということも多いと思います。店舗開発やマーケティングに専任の部署を置いて力を入れている大手チェーン店でさえ、百発百中で店舗を成功させることは不可能なので、どうしても投資判断を誤ってしまうことは起こりえます。

ここで重要になるのが、**勇気を出して店舗撤退の判断を行なうタイミング**です。なかなか踏ん切りがつかずに不採算の店舗をいつまでも放置していては、遅かれ早かれ手元のキャッシュがなくなってしまいます。

そこで、店舗の収支が悪いときに、いったいどのように判断すればいいかを財務の目線からお伝えします。

店舗撤退を検討するときは、次の2つのルールから撤退か存続かの判断を行ないます。

● 図28　キャッシュフローを基準に決める

売上	500
売上原価	250
粗利	250
販管費	290
減価償却費	50
その他経費	240
営業利益	－40
CF	10

①キャッシュフローを基準に決める

図28は、撤退を検討している店舗の損益の状況を表したものです。この店舗の損益は営業利益ベースで▲40となっており、店舗単体で赤字の状況です。では、この店舗は赤字だからという理由で撤退の判断をするべきでしょうか？

実はここに1つ目の注意点があります。店舗撤退の判断を行なう際には、**利益ではなくキャッシュフローで判断するほうがいい**のです。

なぜなら、赤字だったとしてもキャッシュフローがプラスの状態であれば、会社に対する貢献はできているからです。

図の例でいうと、店舗が生むキャッシュ

フローは営業利益▲40＋減価償却費50でプラス10の状態です。つまり、この店舗は赤字ですが、キャッシュには10の貢献をしています。そのため、この店舗を撤退してしまうと、むしろキャッシュフローにはマイナス影響となってしまいます。

仮に撤退後に売上と経費がすべて0になるとすると、確かに利益ベースでは＋40の改善効果がありますが、キャッシュフローは▲10の逆効果です。これだと**損益は改善してもキャッシュフローは悪化する**ことになり、資金繰りはより厳しくなってしまいます。

②撤退前後のキャッシュフローを見積もって比較する

店舗撤退の判断を行なう際には、撤退前と撤退後のキャッシュフローを比較して決めます。撤退前のキャッシュフローに対して、撤退後のキャッシュフローのほうが大きい（マイナス幅が小さい）ならば、撤退することにより資金繰り改善の効果が見られます。

図29の例でいうと、撤退前の店舗のキャッシュフローは▲10の状況です。1つ目のルールでお伝えした「キャッシュフローを基準に決める」ということであれば、単店でキャッシュフローがマイナスになっている以上、撤退してもよさそうに思えます。

しかし、ここで注意したいのが、**一部の経費は撤退後も残る場合がある**ということです。

●図29　撤退前後のCFを比較する

	撤退前	撤退後
売上	500	0
売上原価	250	0
粗利	250	0
販管費	290	50
人件費	150	40
リース料	10	10
減価償却費	30	0
その他経費	100	0
営業利益	−40	−50
CF	−10	−50

たとえば、店舗を撤退したところですぐにスタッフを辞めさせることもできず、社員の人件費が残るということも実際には起こると思います。また、一部のリース機材やシステム費用は契約上、途中解約ができないこともあります。

このように、店舗撤退後も一定の費用が発生する場合は、撤退前後のキャッシュフローを見積もり、その比較をもって判断を行ないます。

図29の例だと、撤退後も人件費の一部とリース料を合わせて50の販管費が残ります。そうすると、撤退前のキャッシュフロー▲10に対して、撤退後のキャッシュフローは▲50ということになり、撤退しないほうが

資金繰りは楽ということになります。

この場合でも例外として、店舗撤退をすることで余った人員を別店舗への異動等で上手に起用することができれば、実質的には撤退後キャッシュフローのマイナス分は人件費の40を除いた▲10まで抑えられるので、撤退によるキャッシュフローへの悪影響を抑えることができます。

以上、2つのルールを基準として店舗撤退の判断をすることで、キャッシュフローに基づいた経営判断を行なうことができます。

なお、実際に撤退の判断を行なう際には、さらにプラスアルファで加味しなければいけない要素が次の2つです。

まず、1つ目の要素は、**キャッシュフロー改善の見込み**についてです。

店舗撤退判断を行なう際には、将来的にキャッシュフロー改善の見込みがあるかどうかも重要です。たとえ今はキャッシュフローがマイナスでも近いうちに改善の見込みがあるのであれば、店舗を存続させて改善に取り組むほうが賢明かもしれません。

2つ目の要素は、**撤退に伴う一時的な支出と収入**についてです。

店舗撤退に際して、一時的に支出が発生することも多くあります。たとえば、撤退に伴う内装工事費用や設備の処分費用、物件の中途解約金などです。

たとえ店舗撤退によりキャッシュフローがプラスになるとしても、一時的な費用を払うことで短期的に資金繰りが回らなくなるのであれば、撤退するべきタイミングではないかもしれません。

逆に、撤退により敷金の返還や、店舗譲渡する場合の譲渡金などが入ってくる場合は、そうした収入についても検討する必要があります。

こうした要素を検討するにあたっては、第6章でお話しする**予測資金繰り表**という資料を作成して判断するのが一番わかりやすい方法です。こちらについては後ほど、ケーススタディをもとに詳しく説明します。

7 店舗の土地は買うのがいい？借りるのがいい？

郊外や地方で経営されている方であれば、店舗物件は借りるのではなく買うという選択肢も出てきます。「どうせ家賃を払うのなら買ってしまったほうがいい」と考える方も多いのではないでしょうか。

しかし、店舗物件を購入するときには、慎重にキャッシュフローのシミュレーションを行なわないと、かえって資金繰りが悪化してしまうこともあります。

数字は多少丸めていますが、とある飲食店の例を紹介します。

この会社は、年商1億円、税引前利益300万円と黒字企業で、地元で愛されるお店として経営も安定していました。年間の経費総額9700万円のうち、400万円を土地の賃料として支払っています。

社長は「家賃を払うのがもったいない」と思い、銀行から1億円を借りて土地を購入し

●図30　土地を借入で購入すると……

（単位：万円）

	購入前	購入後
売上	10,000	10,000
経費	9,700	9,300
税引前利益	300	700
法人税等（30%）	90	210
税引後利益	210	490
返済	0	400
返済後CF	210	90

地代家賃の分
▲400

利益は増える

キャッシュは減る

ました。返済期間は25年としたので、毎年の返済額は４００万円。「もともと家賃で払っていた分が銀行への返済になるだけだから変わりはない」という考えです。

しかし、ここで重要なのが**土地は減価償却できない**ということです。

通常、資産を購入すると、減価償却費として毎年少しずつ費用として計上していきますが、土地は価値が減らないので減価償却ができません。そのため、純粋に土地の賃料（地代家賃）４００万円がＰ／Ｌからなくなることになり、その分利益は増加します。

図30の通り、もともとは年間の経費総額が９７００万円だったところ、４００万

円の地代家賃が減ることで、経費は９３００万円となります。これにより税引前利益は３００万円から７００万円と、４００万円増えることになります。

利益が増えるということは、その分支払う法人税等も増えることになります。税率が30％だとすると、土地購入前は90万円（税引前利益３００万円×30％）、土地購入後は２１０万円（税引前利益７００万円×30％）の税金を支払います。

すると税引後利益は、土地購入前２１０万円に対し、土地購入後は４９０万円となります。一見、「利益が増えてよかった！」と喜んでしまいそうですが、ここに落とし穴があります。

土地購入後は銀行への返済のことも考えないといけません。返済で４００万円出ていくとすると、返済後のキャッシュフローは90万円（税引後利益４９０万円－返済４００万円）となります。

もともと、土地購入前は２１０万円のキャッシュフローが出ていたところ、土地購入後のキャッシュフローは90万円になってしまいました。**土地購入により、手元に残るキャッシュが減ってしまった**のです。

さらにいえば、金利や固定資産税の負担も発生するため、キャッシュフローへの影響はもっと大きくなります。

実は、この土地購入の話を持ちかけてきたのは銀行でした。銀行の担当者から、「社長、家賃を払い続けるくらいなら、融資で土地を購入すれば、返済後はご自身の資産になりますよ」という提案があったそうです。

確かに長い目で見れば、返済が終わったあとは土地が会社の資産として残り、家賃支払いの負担もなくなります。しかし、それまでの返済期間中はかえってキャッシュフローが悪化してしまいます。

この事例からわかるように、キャッシュフローを考えれば**店舗物件は購入ではなく賃貸のほうがいい**のです。たとえ銀行が提案してきたとしても、その提案が会社にとって本当にプラスとは限りません。しっかりとキャッシュフローを考えて判断するようにしてください。

8

フランチャイズ展開は財務的にメリットが大きい？

店舗展開を進めていくうえで、フランチャイズやのれん分けといった方法で拡大を図る方も多いと思います。加盟店や従業員が自分の店舗を出店し、本部はロイヤリティーをもらうような形態です。

財務の観点で考えると、**フランチャイズ展開の最大のメリットは資産を持たずに済む**ということです。

本章でお伝えしてきた通り、店舗系ビジネスで資金繰りに困る多くの原因が**投資の失敗**です。手元にあったキャッシュが新店舗や設備といった資産に変わり、本来であれば数年かけて利益から回収するべきところ、投資した資産が思ったほど利益を生まないことで一気に資金繰りが悪化してしまうというパターンです。

結局、**投資した資産に対して、どれだけ多くの利益を生んだか**という観点が、設備投資を考えるうえで最も重要になります。

●図31　ROAの考え方

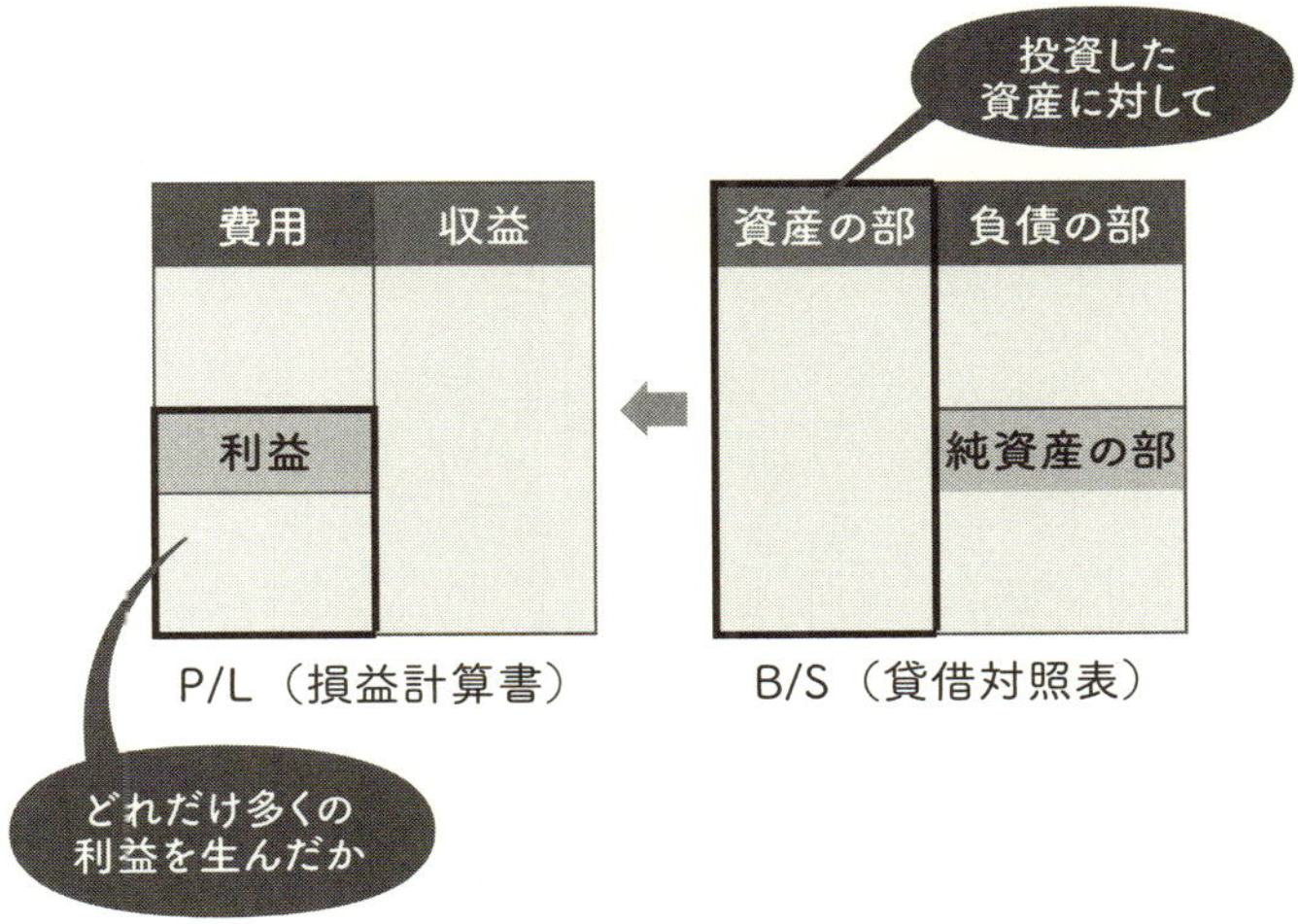

第3章2項でROI（投資利益率）という考え方をお伝えしましたが、これを会社規模で見た指標が**ROA（総資産利益率）**というものです。

ROAは、Return On Assetの略称で、次の式で表されます。

・ROA（%）＝利益÷総資産×100

ROAが高ければ高いほど、資産を効率よく使って利益を生み出している会社となります。同じ100の利益を上げるにしても、5000の資産を使うより500の資産で済むほうが資産を効率よく活用できているということです。

ROAの目安としては、中小企業では10%以上あれば比較的優秀なほうです。

では、ROAを高めるにはどうすればいいかというと、

- **利益を増やす**
- **総資産を減らす**

の2つになります。

ここで大事なのが、後者の考え方です。

資産が少ないということは、キャッシュフローを考えたときにも影響が大きいのです。資産が少なく済むビジネスであれば、先行投資の金額も少なく済みますし、借入も最小限に抑えることができるので、資金繰りは楽に回ります。

一見、会社の資産と聞くと多いほうがよさそうと思いがちですが、実は**なるべく余計な資産を持たないほうが経営効率を追求するうえではいい**ということになります。

店舗系ビジネスで資産が少ないモデルの代表例がフランチャイズです。フランチャイズの形態で多店舗展開を行なう場合は、加盟店自身が出店にあたっての先行投資を行なうので、フランチャイズ本部は資産を持つ必要がありません。

資産が少なく済むのであれば、キャッシュが店舗や在庫などに変わって眠ってしまうことも抑えられますし、投資失敗のリスクも最少限に抑えることもできます。さらには銀行借入もしなくて済むので毎月の元金返済に悩むこともありません。

このように、**フランチャイズ展開は、財務面のリスクヘッジという意味では効果的**です。

ただし、リスクが少ない分、直営店ほど大幅なリターンを期待することはできません。直営店であれば、1店舗で数千万円の利益を出すことも可能ですが、フランチャイズだとたとえ加盟店1店舗が数千万円の利益を出したとしても、ロイヤリティーとして本部に入ってくる金額はそこまで大きくなりません。あくまでも、その会社の攻めと守りのバランスに基づく選択なので、どちらが正しい・正しくないということではありません。

しかし、フランチャイズのようになるべく資産を持たない選択肢は、キャッシュフローの観点でいえばよりリスクが少なく、**攻めと守りを両立した出店方法**ともいえます。

第4章

3・5・10店舗を出すための店舗経営の「調達」

1 知らないと多店舗展開できない！銀行融資の壁とは？

第4章では、店舗系ビジネスにおける3つの財務の考え方（利益、投資、調達）のうち、調達についてお話をします。

店舗系ビジネスで多店舗展開をしていくにあたって、銀行から資金調達をし続けられるかどうかは何よりも重要です。銀行から思うように融資が受けられなければ、成長スピードにも限界がきてしまい、「○店舗を目指す！」という夢も達成できずに終わってしまいます。特に店舗系ビジネスでは、**4～5店舗を出店したあたりで借入限界がきてしまい、店舗展開が頭打ちになってしまう**というケースを多く見てきました。

過去に私のところに相談いただいた方の例をご紹介します。

小売店を3店舗経営している年商2・5億円の会社で、すでに公庫から3000万円、信用金庫から7500万円の合計1億500万円の借入をしています。そこまで経営状況が良いわけではないものの、それでもなんとか直近期は黒字の会社でした。

しかし黒字とはいえ、取引している信用金庫に追加融資をお願いしても一向に応じてくれず、新店舗を出したいのに出せないというジレンマを抱えていました。

実は、この会社が融資を受けられなかった理由は明確でした。信用金庫からの融資をすべて保証協会付き融資で借りており、**保証協会の保証枠以上に借りることができなかった**という理由です。

保証協会とは、各都道府県に設置されている公的機関です。中小企業が民間の金融機関（地方銀行、信用金庫など）から融資を受けるときに、保証協会が融資を受ける際の保証人となってくれることで融資が受けやすくなります。

保証協会が保証してくれる融資のことを「保証協会付き融資」といい、中小企業にとって大変重宝されています。しかし、保証協会も無制限に保証してくれるわけではなく、保証枠が決まっています。

- **無担保：8000万円**
- **担保あり：2億円**

保証協会の保証枠は、この合計2億８０００万円が上限です。店舗経営者では担保となる不動産を持っていない方も多いと思うので、その場合は無担保枠の８０００万円までしか使えません。コロナ禍のように、例外的に別枠で保証枠が増設されることもありますが、**通常はこの無担保保８０００万円までというのが保証協会付き融資の借入限界**となります。

店舗の規模感にもよりますが、中規模〜大規模な店舗でしたら、８０００万円というのは数店舗分の内装や設備であっという間になくなってしまいます。そのため、いつまでも保証協会付き融資に依存していると、やがて借入限界がきます。保証協会の保証のない融資（プロパー融資）を受けられるようにならないと、店舗展開は困難になってしまうのです。

しかし、プロパー融資はどんな会社でも簡単に受けられるものではありません。**銀行にとってはリスクが大きい融資**だからです。銀行からすると、保証協会付き融資であれば、最悪貸したお金が返ってこなくても保証協会に請求すれば代わりに払ってもらえるので、比較的リスクの低い融資といえます。

かたやプロパー融資だと、貸したお金が返ってこなければ、その分は純粋に銀行の損失となってしまいます。銀行からするとプロパー融資は貸すリスクが高く、**できることなら保証協会付きで貸したいというのが本音**です。

銀行から言われるがまま保証協会付き融資ばかりで借りてしまうと、一向にプロパー融資には応じてもらえず、店舗展開にも支障が出てしまいます。早いタイミングでプロパー融資を受けられるかどうかが、多店舗展開をし続けられる会社になるか、多店舗展開に限界がきてしまう会社になるかの、ひとつの分岐点といえます。

では、プロパー融資を受けるにあたって大事なポイントとはいったい何かというと、

- **銀行との取引実績や関係値**
- **決算書の内容**

この2つに集約されます。

それぞれ、以降で詳しく掘り下げていきます。

2 銀行は決算書のココを見ている！

はじめに、銀行が見ている決算書のポイントについてお伝えします。

銀行はどうしても実績主義です。どんなに将来の計画が立派だったとしても、融資審査を行なう際には過去の実績、つまり決算書を重視して判断します。私の感覚では、**融資審査の6～7割は決算書の数字次第で決まる**といっても過言ではないと思います。そのくらい、銀行は決算書の数字を重視しています。

では、銀行はいったい、どのようなポイントを見て審査を行なっているのでしょうか？

実際には見ているポイントは数多くあり、総合的な評価をもとに審査していますが、ここでは、P／LとB／S、それぞれの特に肝となる最重要ポイントに絞ってお伝えします。

・P／Lの最重要ポイント＝営業黒字かどうか

まず、Ｐ／Ｌ（損益計算書）についてです。

銀行から融資を受けるにあたって大事になるポイントが、**営業利益が黒字かどうか**ということです。

第２章の決算書の読み方でお伝えした通り、ひと口に「黒字」といってもさまざまな種類があります。たとえ当期純利益で黒字だったとしても、その黒字は営業外収益や特別利益によるもので本業では儲かっていない状態だったとしたら、その会社にお金を貸しても返済できないと思われます。

そのため、銀行は営業利益、つまり本業で稼げているかどうかをチェックしています。

一般的に、**２期以上連続して営業赤字が続いてしまうと、銀行から新規融資を調達するハードルはかなり高くなってしまいます。**

逆に営業黒字の会社であれば、仮に特別損失を出して当期純利益が赤字だったとしても、その赤字は一時的な特別損失によるものなので、本来の実力では黒字であると評価されて融資が受けられる可能性は高くなります。

このように、営業利益ベースでの損益がプラスかマイナスかをチェックされています。

また、銀行が見ているのは決算書の表面の数字ではなく実態の数字です。たとえば、役員報酬をほとんどゼロにして意図的に黒字を作った場合や、減価償却費を計上しないで黒字を作った場合などは注意が必要です。このように恣意的な利益操作によって黒字を作った場合、銀行からは「実態は赤字」という評価をされてしまいます。

・B／Sの最重要ポイント＝実質資産超過かどうか

次に、B／S（貸借対照表）についてです。

B／Sで大事なポイントは、**実質的に資産超過かどうか**ということです。

第1章で、B／Sは資産の部、負債の部、純資産の部に分かれているということをお伝えしました。このうち、会社が持つ負債が資産の額を超えてしまっている状態のことを「債務超過《さいむちょうか》」といいます。P／Lの赤字が積み重なって利益剰余金のマイナスが膨らみ、結果として純資産の部（中小企業の場合、多くは資本金＋利益剰余金）がマイナスになることで債務超過に陥ります。見分け方としては、B／Sの右下の「純資産の部」の金額がマイナスになっているかどうかでわかります。

一般的に、**債務超過になってしまうと銀行から新規融資を受けることは困難になります。**

特に都市銀行や地方銀行など大きめの銀行は、仮に営業利益が黒字だったとしても、債務

●図32　債務超過のB/S

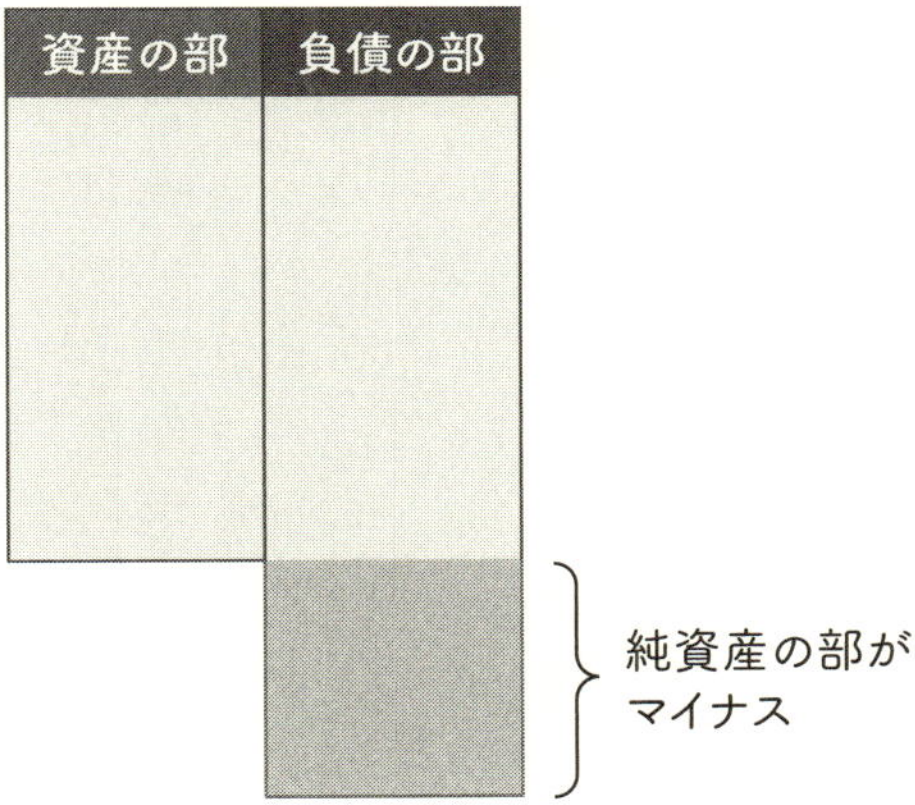

超過の時点で新規取引には応じてもらえないということも少なくありません。

債務超過の逆の言葉で、会社の資産が負債よりも多い状態を「資産超過」といいます。もちろん債務超過よりも資産超過のほうがいいのはいうまでもありませんが、決算書上で資産超過であればそれで大丈夫かというと、実はそういうことでもありません。**銀行が見ているのは、決算書の表面的な数字ではなく、会社の実態の数字**だからです。

仮に決算書上は資産超過だったとしても、実態を見れば債務超過ということもあります。たとえば、Ｂ／Ｓの資産の部に不良性のある資産（回収できない売掛金や不良在庫など）があれば、銀行内ではその分の金額を資産から引いて、同時に利益剰余金からもマイナス調整して評価されます。

この場合、たとえ決算書上は資産超過でも、銀行の中では債務超過と判断されてしまっているので、融資を受けるのは困難になります。

プロパー融資を受けられる会社になるには、**実質的に資産超過かつ営業黒字であるということが現実的に必要ライン**となるので、まずはここを目指していただければと思います。

また、**貸付金、立替金、未収入金といった科目についても注意が必要**です。このような科目は「雑勘定」と呼ばれ、銀行からはかなり嫌われます。多額の貸付金などがあると「この会社に貸しても社外にお金が流れるのでは？」と疑われるので、それだけで融資が断られる理由になります。保証協会も貸付金がある会社には保証をしてくれませんので、こういった雑勘定は決算前に必ずなくすようにしてください。

3 年商規模別 付き合うべき金融機関

意外かもしれませんが、**銀行との関係値も融資審査の際にはとても重要視されます**。銀行から借りて返すことを繰り返す中で実績を積んでいき、担当者や支店長とのコミュニケーションを取るなど関係を濃いものにしていけば、その銀行からの信用も高まっていきます。

ただ、そもそもの前提として気をつけていただきたいのが、**どの銀行と付き合うか**ということです。

ひとくちに「銀行」といっても何種類かあり、大きな括りでいうと「民間金融機関」と「政府系金融機関」に分けられます（厳密には政府系金融機関や信用金庫・信用組合は銀行ではありませんが、本書ではわかりやすさを重視して銀行と呼びます）。

民間金融機関は、規模の大きなものから、都市銀行（メガバンク）、地方銀行（第一地銀、第二地銀)、信用金庫、信用組合といったものが挙げられます。

それぞれの銀行の特徴を挙げると、以下の通りです。

- **都市銀行**……いわゆるメガバンクと呼ばれる銀行です。国内外に大規模なネットワークを持ちグローバルな取引が可能です。大規模な融資が得意で金利も低いのが特徴ですが、中小零細企業に対しては厳しい対応をすることもあります。
- **地方銀行**……地域に密着した運営で、中小企業融資の要となります。メガバンクと比べると比較的中小規模の企業でも取引をしてくれて、実績がつくとプロパー融資での対応も前向きに検討してくれます。零細企業や創業期の企業はややハードルが高めです。
- **信用金庫・信用組合**……地方銀行よりエリアが限定された、地域密着型の金融機関です。都市銀行や地方銀行と比べて金利は割高ではあるものの、より柔軟で小口融資にも対応してくれます。赤字や債務超過といった企業でも事業性を評価して融資に応じてくれることもあり、創業期から中堅規模の企業になるまで頼りになる存在です。

次に、政府系金融機関についてです。政府系金融機関はその名の通り国の資本で運営され、政策に基づいて金融支援を行なっている機関です。

中小店舗系ビジネスにとって身近なものでいうと、日本政策金融公庫（公庫）と商工組合中央金庫（商工中金）が挙げられます。

- **日本政策金融公庫**……日本政策金融公庫は、国が１００％の株式を保有しており、民間金融機関を補塡するために作られた金融機関です。創業融資や災害関連の融資など、民間金融機関が対応しにくい領域の支援も行なっていることが特徴です。民間金融機関よりも長期・低金利など好条件で借りられることも多く、積極的に付き合っておきたい金融機関です。
- **商工中金**……商工中金とは、政府と民間団体が共同で出資している半官半民の金融機関で、全国47都道府県に店舗を展開しています。中小企業向けの融資に特化しており、心強い味方となりますが、取引先は売上規模が数億円から数十億円が中心と中堅規模の会社が多い印象です。

銀行の種類がわかったところで、付き合う金融機関について改めて考えてみましょう。

付き合う金融機関を選ぶときの鉄則は以下の2点となります。

①規模に合った金融機関を選ぶ

はじめに、規模に合った金融機関についてです。一般的に、**会社の年商規模が3億円くらいまでのうちは、1回の融資金額もそこまで大きくなることは少ないので、信用金庫や信用組合がメイン**となります。この規模の会社であれば、大きな金融機関より小さな金融機関のほうが親身に相談に乗ってくれますし、融資も比較的柔軟に検討してくれるのでマッチしています。

会社の**年商規模が3億円を超え始めたタイミングで、地方銀行をメインバンクに見据えて**取引を増やしていきます。これまで支援してくれている信用金庫とも継続して取引は続けますが、段階的に地方銀行の借入シェアを増やし、プロパー融資を受けられるよう関係性を築いていくのが理想です。

逆に、銀行選びで陥りがちな罠として、「なんとなく信用になるから」と都市銀行と取引を始めるケースを見かけます。しかし、中小企業が都市銀行から融資を受けてもほとんどメリットはありません。たとえば、年商1億円の会社が都市銀行に相談しても、なかなか相手にされずに若手の担当者をつけられて終わりです。

一方で、信用金庫なら支店長が出迎えてくれて、Face to Faceでのきめ細かな対応を受けられることもあります。また、資金繰りが悪化した際には、都市銀行はドライに追加融資を断ってくる可能性がありますが、信用金庫なら親身になって助けてくれるかもしれません。

今後の店舗展開を見据えて、**会社の規模に合った銀行と関係性を作っておくことが重要**です。

②複数行取引をする

銀行付き合いのよくある勘違いとして「1行と深く付き合ったほうがいい」と考える社長も多くいらっしゃいます。一見、一途で良いことのように思えますが、**実は1行取引はリスクが大きい**のです。

資金調達で頼れる先が1行だけなので、もしその銀行がNOと言えば、資金調達の選択肢は大幅に狭まってしまいます。たとえどんなに今の関係が良好でも、担当者や支店長が変更になることで、これまでと融資方針が一気に変わることだってあります。

過去に相談を受けた例で、理容室を20期近く経営されているものの、これまで1行の銀行としか取引してこなかった会社がありました。その会社は、銀行が融資をしてくれていたうちはよかったのですが、その銀行が融資に応じてくれなくなった瞬間、困ってしまいました。焦って他の銀行を回っても「メインバンクが支援しないのにウチが支援するのは難しい」と断られてしまうばかりです。

結局のところ、**1行取引をしていると、その銀行に断られた瞬間に会社の生命線が切れてしまう**のです。こういったリスクを回避するために、**銀行は1行ではなく複数行と取引することが重要**です。

さらに、複数行取引を行なうメリットは何もリスク回避のためだけではありません。複数行と取引することで、**銀行間で健全な競争関係が働き、良い条件を引き出す**こともできます。

1行と深く長く付き合うのは一途で素晴らしいように見えますが、銀行もあくまでもビジネスです。仮に競合がいないのであれば、「わざわざリスクのあるプロパー融資なんてせず、すべて保証協会付き融資で貸せばいいや」と考えます。金利だってわざわざ低い金利を提案する理由もありません。

●図33　年商規模別 取引銀行リスト

会社の年商規模	金融機関（◎メインバンク）	取引行数
～1億円	**・信用金庫◎ 2行** ・政府系（公庫）	3行
1億～3億円	**・信用金庫◎ 2行** ・地方銀行 1行 ・政府系（公庫）	4行
3億～10億円	**・地方銀行◎ 2行** ・信用金庫 2行 ・政府系（公庫、商工中金）	5行
10億円～	**・地方銀行◎ 2行** ・信用金庫 2行 ・都市銀行 1行 ・政府系（公庫、商工中金）	6行～

みなさんが普段、仕入れ先に相見積もりを取ってなるべく調達コストを下げようと努力しているのと同じように、**銀行はお金の仕入れ先だと思い、健全な取引関係を作っていく**ことで、良い条件を引き出すこともできるのです。

ここまでの話を踏まえて、会社の年商規模別で付き合う銀行の数と種類を表にしました。図33を参考にして、最適な取引銀行を選んでみてください。

4 金融機関と良好な関係性を築く方法

「融資の可能性は顧客の情報量と比例する」という銀行格言があるくらい、銀行に対して自社の情報が正しく伝わっているかどうかは重要です。特に近年では「事業性評価融資」といって、決算書の内容や担保評価だけでなく、その会社の**事業内容や将来性を評価して融資を行なおうという動き**も少しずつ進んでいます。

では、どのようにして銀行に自社の状況をわかってもらえばいいのでしょうか。銀行と良好な関係性を築く方法としてオススメなのが、次の3つのステップです。

ステップ① 保証協会付き融資で実績を作る

ステップ② 決算報告の機会を利用する

ステップ③ 定期的に試算表を持って報告に行く

ステップ①から、具体的にお伝えしていきます。

ステップ①　保証協会付き融資で実績を作る

まず1つ目が、保証協会付き融資で実績を作るということです。初回取引の銀行からいきなりプロパーで融資を受けるのは難易度が高いです。そこで、銀行開拓のカードとして使えるのが「保証協会」です。初めて取引する銀行でも、まず保証協会付き融資で借りて返した実績ができれば、次回の融資でプロパーの交渉も比較的スムーズに進めることができます。

保証協会を銀行開拓のカードとして考えると、1つの銀行に保証が集中していたり、都市銀行に保証協会の枠を使っていたりするのは非常にもったいないことだといえます。戦略的に、**ゆくゆくはプロパーで借りて関係性を広げていきたい銀行に対して実績を作るために保証協会を使っていく**のがより良い選択となります。

ステップ②　決算報告の機会を利用する

日々普通に経営している中では、銀行に自社の経営状況をわかってもらう機会は少ないと思います。「別に今すぐ融資が必要なわけでもないのに、銀行に自社の状況報告なんてしてもいいんだろうか」と思われる方もいるかもしれません。

そこでオススメなのが、決算報告の機会を利用するということです。決算報告であれば、年に一度のチャンスではありますが、**自社の経営状況と今後の方針を銀行に伝える大義名分ができます**。

さらには、担当者だけではなく支店長や融資課長といった役席も同席してくれるかもしれません。決算書ができたら、「決算書が用意できたので報告に伺いたい（または来てほしい）」と言えば、簡単かつ自然にアポを取ることができます。

この機会にすべての取引銀行に対してアポを取るのがオススメです。決算から何ヶ月か経ってからアポを取りたくなっても、時間が経てば経つほど連絡もしづらくなるので、決算報告のチャンスを逃さず有効活用してください。

社長の口から、決算書の数字をもとに、なぜその数字に着地したのかを説明できれば、銀行も安心して取引を続けることができます。細かい数字の説明は経理担当や顧問税理士に任せてもいいかもしれませんが、せめて**決算の概要くらいは社長本人の口から説明したほうが、銀行から見たときの印象も良い**のです。

また、決算報告時に、簡単なものでいいので、「経営計画」を作って持っていくのもオススメです。「経営計画」と聞くと、たいそうな資料を想像されるかもしれませんが、何も立派な資料を用意する必要はなく、Ａ４用紙１枚にまとめたもので十分です。大事なのは形式ではなく、**今後の資金需要について書面で伝わるようにする**というのが主目的だからです。

私の顧問先の例でいうと、年初に銀行に決算報告を行なって経営計画を提出していました。経営計画の中で、「夏から秋にかけて設備投資を考えている」と記載していたところ、その時期になって銀行のほうから「そういえば設備投資を考えていましたよね。ぜひ資金をご協力できればと思うのですが」との提案がありました。

決算報告の際に「新店舗をオープンする」「新たな設備を導入する」など、**向こう１年の資金需要を銀行に対して伝えておけば、銀行のほうから融資の提案をしてくれる**こともあります。

この方法で複数の銀行から提案を受けることができれば、健全な競争が働き、より良い条件を引き出すことも可能になります。

ステップ③ 定期的に試算表を持って報告に行く

銀行との良好な関係性を築くために、定期的に報告に行くのも有効です。具体的には、3ヶ月から半年に1度、30分程度でいいので、**試算表を持って銀行を訪問し、「四半期（半期）はこんな業績でした」と報告できるような関係性を築く**といいです。銀行に定期報告しに行くような関係性ができれば、銀行担当者に自社の経営状況がよく伝わりますので、いざ融資を申込む際に担当者が書いてくれる稟議書の質や熱量も上がり、融資も受けやすくなります。さらに、銀行員目線でのアドバイスや融資の提案もしてくれるかもしれないので、まさに一石二鳥です。

「銀行に報告なんて行って迷惑じゃないの？」と思われる方もいるかもしれませんが、**3ヶ月に1度程度の報告であれば迷惑どころかむしろ喜ばれます。**

私も顧問先と一緒に銀行へ報告に行くと、銀行員のみなさんは口を揃えて「自分から試算表を持ってきてくれる会社は少数なので、とてもありがたいです」「助かるので、ぜひ今後も続けてください」と言ってくれます。これだけで他の会社と差をつけることができるはずです。

「今さら銀行に定期報告なんて、何て言って始めたらいいいんだろう」と思う方もいるかもしれません。そんな方が銀行報告をスムーズに行なうためには、先述した**決算報告をきっかけにする方法がオススメ**です。

決算報告の際、経営計画と一緒に月次損益計画も持って行って、「この計画に対して実際がどうなったか、また定期報告させていただいてもいいですか？」と聞けば、ＮＯと答える銀行はありません。これで、「計画に対して実績がどうなったかを報告しますね」と、銀行に定期報告に行く大義名分ができます。

5 融資が受けやすくなる事業計画書3点セット

銀行に融資を申込むとき、事業計画書は必ずしも必要というわけではありません。決算書が良好であれば、特に計画を作らなくても融資は受けられます。しかし、融資申込のときに事業計画書があることで有利に働きます。

また、「決算書の財務内容がイマイチ」「借入額が大きい」「初めてその銀行と取引する」「新規事業（店舗）にチャレンジする」といったときには、「事業計画書を見せてください」と銀行から要求されることも多いのです。

では、銀行に提出する事業計画書は、いったいどんなものを作ればいいのでしょうか。

銀行に融資を申込む際には、以下の3点セットを提出すると効果的です。

資料①　事業計画概要

融資申込時の事業計画書3点セットのうち1つ目が、事業計画概要です。事業計画概要

●図34　事業計画概要

事業計画概要

【1. 現在の経営状況】

【2. 融資背景】

【3. 融資希望条件】

【4. 資金使途】

【5. 返済財源】

【6. スケジュール】

は、融資を受けて行なおうとしている事業について簡単にまとめた資料です。

形式はパワーポイントでもワードでもエクセルでも何でも大丈夫ですが、以下の通り押さえていただきたい項目があります。

1．現在の経営状況……どういった背景があって今回の融資を希望しているのかというストーリーにつながる部分なので、簡単にまとめておきましょう。

2．融資背景……銀行は「なぜ今、融資を受けるのか」という背景を気にしています。職業柄、「赤字補填なのでは」「変なところにお金が流れるのでは」というように、どうしても警戒してしまいます。そのため、銀行が納得できる融資背景を示してあげたほうが安心して検討してもらうことができます。

3．融資希望条件……借入希望金額や借入期間などは、資金繰り計画をもとに会社側から示すようにしましょう。ついつい「借りられるだけ借りしてくれ」と言いたくなる気持ちはわかりますが、この言葉を言った途端、「何も考えていない社長だな」と思われてしまうので禁句です。

4．資金使途……資金使途とはお金の使い道のことで、銀行から融資を受けるにあたり非常に重要です。ポジティブかつ合理性があって、銀行的にも納得できる資金使途を示す必要があります。

5．返済財源……返済財源とは、「何をもって融資の返済をするのか」ということです。ここも、資金使途と並んで銀行から融資を受けるにあたっては非常に重要です。銀行に納得してもらえる返済財源を数字で示す必要があります。

6．スケジュール……最後に「融資を受けた後の事業スケジュール」を記載します。たとえば新店舗をオープンするなら、オープンに向けて内装工事、機材発注などはどのような日程感で行なっていくのかを記載します。

資料②　月次損益計画

融資申込時の事業計画書3点セットのうち2つ目は、月次損益計画です。融資を受けて新たな事業を行なうことで、どのくらい売上が見込めて、どのくらい経費がかかって、結果として利益がいくら残るのかを説明するための資料です。

店舗設備のための融資を受ける際には、損益計画は店舗別に書いたほうがいいでしょう。設備を入れることでその店舗の利益がどのように変化するのかをわかってもらうためにも、店舗別の計画があったほうが銀行も判断しやすくなります。

損益計画を書く際には、絵に描いた餅のような計画にならないよう注意が必要です。たとえば、売上計画があまりにも楽観的なものだったり、本来必要な諸経費が抜けていたりすると、銀行はその事業計画書をもはや信用してくれなくなるので、希望的観測の入りすぎた計画にならないようにしてください。

銀行が望む損益計画は、高い成長性よりも堅実な利益が見込める計画です。もし、予測を強気に立てるか、堅実に立てるかで迷ったら、銀行向けの資料は堅実な数字で考えるようにしてください。

そもそも銀行はベンチャーキャピタルや投資家とは違います。１００万円お金を貸したとして、そのお金が1億円になって返ってくることは期待していません。それよりも、**2%前後の利息が上乗せされたうえで、確実に貸したお金が回収できたほうがいい**わけです。

そのため、数値計画についても、「客数が急増してたくさん利益が見込めます！」というような強気の数字よりも、「堅実に考えてこれだけの客数だったとしても、最低限このくらいの利益は確保できます」といった堅い数字のほうが評価してもらえます。

資料③　予測資金繰り表

融資申込時の事業計画書3点セットのうち3つ目が、予測資金繰り表です。これまで本書でも、さまざまな角度から何回も説明してきましたが、「利益とキャッシュは別」です。たとえ損益計画上で利益が見込めたとしても、実際問題キャッシュが回るかどうかはわかりません。

そこで、**「返済しても問題なくキャッシュが回る」ということを説明するために最も効果的なのが予測資金繰り表**です。詳しい作り方と構成は第5章でお伝えしますが、将来の資金繰りをシミュレーションするための資料です。

資金繰り表の中で「銀行に返済したうえでキャッシュが回る」ということを示すことができれば、それ以上に良い説明材料はないわけです。**銀行取引で一番大事な資料だといっても過言ではありません。**

これら事業計画書3点セットを作るうえでは、**それぞれの資料は独立したものではなく、整合性があってつながっている**ということが重要です。

まず、事業計画概要で「融資を受けて何をするのか」という計画を文字で説明します。そのうえで、月次損益計画で「この計画を実施することで、どのくらい利益が見込めるのか」ということを数字で説明します。そして、予測資金繰り表で「この損益計画が達成できれば、返済をしたとしてもキャッシュフローが回るので、銀行から借りた融資が返せる」ということを説明するわけです。

このように書くことで、文字（定性）と数字（定量）が結びついた、第三者に対して説得力を持つ事業計画書ができあがります。

6 事業計画書で説明するべき3つのポイント

前項で事業計画書の3点セットをご紹介しました。ここでは、事業計画書を書いていくうえで、どんなことを説明したらいいかという**事業計画書の肝となる重要ポイント**についてお話しします。

銀行向けの事業計画書を書くうえで注意するべきポイントは多くありますが、特に重要なポイントを厳選すると、次の3つに集約されます。

①必要金額（いくら必要か）
②資金使途（何に使うか）
③返済財源（どうやって返すか）

融資を申込む際にこの3点が銀行に伝わるようにすると、それだけで融資審査もスムーズに進みます。銀行員が融資の稟議書を作るときにも絶対に書かれるポイントですので、事業計画書を作るときはぜひ意識してください。

①必要金額（いくら必要か）

文字通り、融資申込にあたって必要になる金額のことです。融資審査においては、必ず金額の妥当性や必要性を問われます。仮に金額の妥当性や必要性が乏しいと思われると、融資は否決されてしまうか減額となってしまいます。

設備資金であれば、設備の見積書を提出することで必要金額を示すことができます。運転資金であれば、後述する「経常運転資金」の計算式に当てはめて算出します。広告宣伝費や人件費などであれば、たとえば「新サービス開始にともなう広告費6ヶ月分」といったように、根拠立てて示すことが通常です。

②資金使途（何に使うか）

資金使途は大きく分けて設備資金と運転資金に分かれます。

設備資金の場合は使途が明確ですが、運転資金の場合はわかりづらいので使途をしっかりと示す必要があります。もとより「運転資金」というと、本来的には**収支ズレの分の資金**を指します。

・運転資金＝売上債権（売掛金）＋棚卸資産－仕入債務（買掛金）

このように、**支払いと入金のズレからどうしてもキャッシュが眠ってしまう分が、本来の意味での運転資金（経常運転資金）**です。もし売掛金や在庫が発生するビジネスで、経常運転資金の必要性をＢ／Ｓの数字から説明できるのであれば、その分は運転資金として妥当性があると見てもらえます。

たとえば、Ｂ／Ｓ上の売掛金が２０００万円、在庫が１０００万円、買掛金が５００万円であれば、２５００万円（売掛金２０００万円＋在庫１０００万円－買掛金５００万円）は運転資金として必要だと説明でき、借りやすい金額となります。

しかし、飲食店や美容室など現金商売が中心のビジネスだと、そもそも運転資金の必要性を説明できないかもしれません。こういった場合、ただ単に「運転資金が必要なので貸してください」と銀行にお願いしても、「御社の場合、運転資金はいらないでしょ？」「単なる赤字補填に充てるんじゃないの？」といったように、資金使途がうまく伝わらずに断られてしまう場合があります。

そのため、こうしたビジネスで運転資金を借りるときには、**相応の資金使途が説明できることが重要**です。たとえば「広告宣伝のために資金が必要」「人材採用・教育のために資金が必要」「イベントや季節変動にかかる一時的な諸経費支払いで資金が必要」といったように、どういった使途で資金が必要なのかを説明できるようにしてください。

③返済財源（どうやって返すか）

銀行が融資をする際に一番気にするのは「貸したお金が返ってくるのかどうか」です。そのため、返済財源が3つのポイントのうち一番重要になります。

設備投資や長期の運転資金であれば、第1章で説明した**簡易ＣＦが返済財源**となります。つまり、簡易ＣＦ＞返済額となることを事業計画書で説明できれば問題ありません。

これに対し、**短期の運転資金や一時的なつなぎ資金であれば、将来の売上入金が返済財源**となります。この場合、資金繰り表を作って将来の資金繰り予測を説明することで、効果的に返済財源を説明することができます。

7 設備資金と運転資金、どちらで借りるべき？

銀行から融資を受けるときの資金使途は、大きく分けると**設備資金で融資を受けるか運転資金で融資を受けるかの２択**となります。

どちらで融資を受けたほうがいいのか、あまり深く考えたことがない方も多いかもしれませんが、こと店舗系ビジネスの場合、この判断は非常に重要です。将来のキャッシュフローや借入可能性を左右することにもなるので、ぜひ違いを知っておいてください。

まず大原則として、**設備資金で借りられるものは設備資金で借りたほうがいい**というのが鉄則です。

設備資金で借りずに資金繰りが厳しくなってしまった例として、あるパーソナルジムの例をお話しします。この会社は年商２０００万円のジムを経営しているところ、運転資金として約１５００万円借りているという状況でした。元来、そこまで多額の運転資金が不要な店舗系ビジネスで、月商換算で約9ヶ月分もの運転資金を借りているという状況が異常でした。地方の会社だったのですが、地元の信用組合が懇意にしてくれて、多額の資金が借りられたのだそうです。

銀行から借りられていること自体はすごいと思いますが、借入のほとんどが運転資金で、複数の融資を3～5年といった短い期間で借りていました。そして、運転資金で借りた資金のはずなのに、店舗内装や設備購入などにほぼ使い切ってしまい、今はもう手元に残っていないという状況で相談に来られました。

毎月の損益もトントンという中、月30万円近い返済負担が重くのしかかり、資金繰りもままならない状況です。懇意にしていた信用組合になんとかならないか相談しても、「すでに運転資金としては多額を貸しているため、これ以上の追加融資は難しい」と断られてしまいました。

このように、設備資金で借りられるものを運転資金で借りてしまうと、本当に運転資金が必要なときに調達できなくなってしまいます。この事例からわかるように、**いざというときの借入枠を温存しておくという意味で、できれば運転資金の枠は残しておいたほうがいい**のです。

また、借入期間を比較的長く取れることも、設備資金のメリットとして挙げられます。一般的に、融資を受けるときの借入期間は以下が相場です。

- **運転資金：５～７年**
- **設備資金：７～10年**

設備資金で借りるほうが、**借入期間を長く設定することができ、その分毎月のキャッシュフローは安定しやすくなります。**

逆に、運転資金で借りるメリットとしては、**使い道の自由度**が挙げられます。設備資金であれば、借りる際に銀行に対して見積書や請求書を提出し、実際にその通りに借りたお金を使わないといけません。しかし、運転資金の場合は、設備資金ほど資金使途が固く決まっていない場合が多いのです。もちろん、経常運転資金や諸経費支払いなど、借りる際には何らかの名目があって借りることになるのですが、実際のところ、そこまで厳密に使途が縛られているわけではありません。

そのため運転資金であれば、手元キャッシュを多く持っておくために、いったん借りて使わずに持っておくということもできます。たとえば、新店舗を出すのに備え、いざ必要なタイミングがくるまで手元に持っておいてもいいわけです。このように、自由度が比較的高いのが運転資金の特徴です。

ちなみに、稀に「設備資金を借りるときに見積書の金額を高くしておいて、浮いたお金を運転資金に回す」と考える方がいますが、これは絶対にやめてください。**資金使途違反といって、銀行取引上かなり重い違反行為**です。

一度でも資金使途違反をしてしまうと、銀行との間の信頼関係が崩れてしまいます。新規融資はほぼ受けられなくなりますし、保証協会の保証もつかなくなります。さらには融資の一括返済を求められることもあるので、**設備資金で借りたお金を運転資金に回すことは絶対に避けてください**。

8 銀行融資は借りられるだけ借りろって本当？

先輩経営者からのアドバイスなどで、「銀行からの融資は借りられるだけ借りろ」という言葉を耳にしたことがある方は多いと思います。これまで銀行融資を極力避けてきたような方にとっては衝撃的かもしれません。むやみに借りすぎることが本当にいいのか、疑問に思うこともあるのではないでしょうか。

確かに、「借りられるだけ借りる」という選択は一部では正しいものの、私としては、この言葉は半分正解で半分間違いだと思っています。

そこで本項では、「借りられるだけ借りろ」という意見に対して、メリットとデメリットを踏まえたうえで、店舗経営者が正しい判断を行なうための基準をお伝えします。

借りられるだけ借りるメリット

まず、借りられるだけ借りることのメリットについてです。

第一に、借りた資金をたとえ使わなくても余裕資金として持っておくことで、**手元のキャッシュ残高を常に一定金額キープすることができ、突発的な支出にも揺るがない安定した経営ができる**ようになります。

「資金が必要になったらそのときに借りればいいや」と思う方もいるかもしれませんが、銀行がお金を貸したいのは「資金繰りに困っている会社」ではなく、「資金繰りに余裕のある会社」です。必要になったタイミングで借りに行っても、すぐに貸してくれるかどうかはわかりません。そのため、余裕のあるうちに借りられるだけ借りておいて、常に手元キャッシュを十分に持っておけば、経営上のリスクを減らすことができます。

また、借りた資金を余裕資金として持っている限り、返済はそこから行なうことができるため、**返済負担が大きなリスクになることはありません**。返済に伴い手元キャッシュが減ってきたら、再度折り返し融資を受ければいいだけです。

つまり、**借りたお金をそのまま返済に充てている分には、金利負担のみ考えていればいい**わけです。仮に1000万円を金利2％で借りたとしても、金利は最大で月1万6000円です。たった1万6000円の金利を払うだけで、手元に1000万円を持っておけると考えれば、安いものではないでしょうか。

銀行から融資を受けることで経営が安定した例として、整骨院で年商３億円の会社の例をご紹介します。この会社では、常に手元資金が５００万円ほどしかなく、資金繰りも常にギリギリで回していました。突発的な資金流出が起こるたびに、社長は「資金はショートしないだろうか」と不安を感じていました。

この会社が銀行から運転資金として３０００万円を借りたことで、手元キャッシュは常に３０００万円以上をキープできるようになり、経営は劇的に安定するようになりました。手元に余裕資金があることで、**日常の支払いの不安が解消されただけでなく、新店舗オープンや先行投資など売上アップにつながる前向きな検討もできるようになった**のです。

このように、適切な借入をすることで、経営に余裕ができます。これまで資金繰りに使っていた時間を、今後の店舗展開やマーケティングといった前向きなことを考える時間に充てることができれば、金利負担は安いものです。

第１章でお伝えしたように、月商の３ヶ月分のラーメンまで手元キャッシュが確保できていない会社は、**銀行から積極的に借りて手元キャッシュを増やしておく**ことをオススメします。

借りられるだけ借りるデメリット

一方で、融資にはリスクもあります。借りた資金に手をつけずに手元に置いておく分にはいいですが、そうではなく**キャッシュを生まない用途に使ってしまうと、かえって資金繰りが悪化してしまいます**。

たとえば、ムダな経費や不要な資産などです。人間の性だとは思いますが、どうしても融資を受けてキャッシュに余裕ができると、投資や経費に対する判断も甘くなってしまいがちです。その結果、借りたお金の返済財源が確保できず、後々になって返済に困ってしまいます。

さらに、「借りられるだけ借りろ」といってむやみに赤字補填の借入を増やすのも注意が必要です。よくあるのが、「一時的な資金繰り補填のつもりで借入を行なったものの、融資を受けられたことに満足してしまい、その後の根本的な収支改善に取り組まなかった」というケースです。これでは単に傷口を広げるだけにしかなりません。

実際に、私が過去に相談を受けた飲食店の例では、毎月の赤字補填として無計画な借入を繰り返した結果、借入が増えるばかりで資金繰りがますます悪化し、最終的には事業継続が困難になってしまいました。

事業を立て直そうにも、負債が膨大に膨らむと、再生の難易度が非常に高くなってしまっています。もし、早い段階で事業の見直しやリストラを進めていれば、傷口が広がる前に建て直すことができていたかもしれません。

こうした例からもわかるように、改善の見通しが立たない赤字補塡や、利益を生まない投資に対して借入を増やしてしまうと、負債が過剰に膨らんでしまい、最終的には経営を圧迫する要因となります。

借入が過剰に膨らんでいないかを測る指標として、**債務償還年数**というものがあります。債務償還年数とは、「借入金をキャッシュフローから返済するのに何年かかるか」を表す指標です。この指標を使うことで、**借入が適切な範囲に納まっているかどうかを判断できます。**

計算式は金融機関によって何種類かありますが、次の式は一番シンプルなパターンです。

・債務償還年数＝借入金総額÷簡易ＣＦ

ぜひ、試しに自社の債務償還年数を計算してみてください。なお、「借りたものの手元資金として持っているだけ」といったような資金については、手元に残っている分を借入金総額から引いて計算していただいても構いません。

計算の結果、債務償還年数が10年以内であれば、会社が稼ぐＣＦに対して適正な額を借りている、優秀な財務状態の会社です。10～15年以内の会社は、まだ正常の範囲内ですが若干負債が過剰気味で、これが15年を超えると危ないラインとなります。

銀行からの借入を検討する際には、**債務償還年数10年以内をキープする**ことを目標にすれば、リスクヘッジをしつつ適切に借入を増やしていくことが可能です。

9 融資とリース、設備投資するならどちらを選ぶ？

店舗系ビジネスで設備投資を行なう際の主要な資金調達手段として、融資とリースが挙げられます。ここでは、融資とリースのどちらを選んで設備投資を行なえばいいか、判断基準となる考え方をお伝えします。

まずは融資とリースの違いについて簡単に説明しておきましょう。

融資を利用する場合は、銀行からお金を借りて設備を購入することになり、設備の所有権は会社に移ります。借りたお金は設備購入に充てて、以降は銀行に対して毎月元金返済と金利支払いを行ないます。

かたやリースは、リース会社が設備を買って、リース会社からレンタルを受けるような形態ですので、所有権はリース会社にあります。リースの場合は、設備代金にリース料率をかけたリース料を毎月支払います。

どちらも効果としては似たようなもので、本来一括で出ていく設備投資のコストを向こう数年間にわたって分割して支払うのと同じ効果があります。

融資とリースのどちらを選べばいいかというと、**基本的には融資を選ぶほうが条件的には良い**でしょう。金利やリース料率など資金調達にかかるコストを比べると、一般的にはリースより融資のほうが割安で済むことが多いからです。

さらに、リースは3～7年程度という期間で契約することが一般的ですが、設備資金の融資であれば、ものによっては10～15年の借入も可能です。毎月のキャッシュフローを考えると、**なるべく融資を受けて期間を長く設定する**ほうが資金繰り的には楽になります。

では、毎回の設備投資で融資を使えばいいかというと、そうでもありません。店舗系ビジネスにとってリースの最大のメリットは、**融資枠を使わなくて済む**ということです。

銀行融資は無制限に受けられるものではありません。もちろん毎回融資が受けられるのが理想ではありますが、借入額が増えてきたり、短い期間で連続して設備投資を行なったり、保証協会の枠が残っていなかったりという場合は、思うように融資が受けられないことも増えてきます。

このような場合に活用できるのがリースの良い点です。融資だけではなくリースを組み合わせて使うことで、銀行の借入枠を温存しつつ店舗展開を加速させることができます。

融資ではなく、あえてリースを選んで調達したケースとして、スポーツクラブを経営する会社の例をご紹介します。この会社は年商3億円で、すでに銀行から保証協会付き融資で６００万円の調達をしていました。あるとき、２０００万円のマシンを導入することになり、銀行に相談したところ保証協会付き融資での検討になるとのことだったので、融資ではなくリースで調達することに決めました。

もしこの状況下で融資を受けてしまうと、保証協会の保証枠を使い切ってしまいます。今後新たな資金需要が出てきた際に頼れなくなってしまうことを懸念して、リースを使って借入枠を温存する選択肢を選びました。

実際の融資とリースの使い分けの判断基準としては、

- **借入余力にまだ余裕があるうちは融資**
- **借入額が逼迫したときやとにかく早く店舗展開を進めたいときはリース**

といったように判断してください。

第5章

キャッシュフローを見える化する店舗経営の「資金繰り表」の作り方

1 キャッシュフローが読み解ける！資金繰り表の基本

前項まで、会社にキャッシュを残すための財務の考え方についてお話ししました。

こうした考え方を踏まえたうえで、ここからは、日々の経営の中でどのようにキャッシュフローの管理を行なっていくかという具体的な実践方法について、実際の管理資料を紹介しつつお伝えします。

まさに私自身も日々顧問先企業と一緒に取り組んでいる財務管理方法ですので、ぜひご参考にしていただければ幸いです。

実際に、会社のキャッシュフローをどうやって管理すればいいかというと、一番良い方法が**資金繰り表を作る**ということです。

資金繰り表とは、その名の通り会社のキャッシュフローを見えるようにした表です。これまでの過去の実績を表すものを「実績資金繰り表」、将来の予測を表すものを「予測資金繰り表」といいます。

顧問税理士が毎月作ってくれるＰ／Ｌの月次推移と似ているように思うかもしれませんが、Ｐ／Ｌと資金繰り表は全くの別物です。

Ｐ／Ｌは損益（会計上の儲け）を表すのに対して、**資金繰り表はキャッシュフロー（リアルな現預金の動き）**を表します。つまり、「利益に対して思ったほどキャッシュが残らないんだけど、どうしてだろう」というモヤモヤを一発で解消してくれるのが資金繰り表です。

店舗系ビジネスで財務を考えようと思ったら、とにもかくにも資金繰り表がないと判断もできません。そのくらい大事なもので、**キャッシュが貯まる会社を目指すなら絶対に作っていただきたい**資料です。

資金繰り表の構成としては、一番上の行に月初繰越残高が書かれています。月初繰越残高とは、月初時点の現預金残高だと思ってください。たとえば１月の月初繰越残高が５００万円であれば、１月１日の現預金残高が５００万円ということになります。

月初繰越残高の下には、その月のキャッシュの動きが表されており、１ヶ月でトータル

図35　資金繰り表の構成

（単位：千円）

			1月	2月	[illegible]	月	5月	6月
月初繰越残高			5,000	5,00	[illegible]	,000	4,000	4,0
経常収支	収入	売上入金	5,000	5,000	5,000	5,000	5,000	5,00
		その他収入						
	経常収入計		5,000	5,000	5,000	5,000	5,000	5,00
	支出	仕入	3,000	3,000	3,000	3,000	3,000	3,00
		諸経費	1,500	1,500	1,500	1,500	1,500	1,5
		税金		1,000				
	経常支出計		4,500	5,500	4,500	4,500	4,500	4,5
経常収支計			500	−500	500	500	500	50
設備収支	収入	資産売却						
	支出	設備投資						
設備収支計			0	0	0	0	0	
財務収支	収入	銀行借入						
		その他財務収入						
	支出	銀行返済	500	500	500	500	500	50
		その他財務支出						
財務収支計			−500	−500	−500	−500	−500	−50
合計収支			0	−1,0	[illegible]	0	0	
翌月繰越金			5,000	4,00	[illegible]	,000	4,000	4,00

月初時点のキャッシュ残高

その月にあったキャッシュの動き

月末時点のキャッシュ残高

いくらのキャッシュ増減があったかが合計収支の欄に書かれます。

そして、月初繰越残高に合計収支を足し引きして、一番下の行に翌月繰越金が書かれます。翌月繰越金というのは、いわば月末時点の現預金残高です。たとえば1月の翌月繰越金が500万円であれば、1月31日の現預金残高が500万円だったということになります。

このように、資金繰り表は、まず月初繰越残高があって、その月のキャッシュ増減があった結果、翌月繰越金として月末残高が書かれているという構成です。

そして、翌月繰越金が次の月の月初繰越残高として引き継がれて翌月以降も続きます。

これにより、毎月のキャッシュフローが見える化できる表となっています。

資金繰り表にはさまざまなフォーマットがありますが、どんなフォーマットでも共通して押さえていただきたい重要ポイントがあります。それは、**会社のキャッシュの動きが3種類の収支に分かれている**ということです。

もともと、会社のキャッシュの動きは「入金か出金か」の2つです。しかし、ただ単に

● 図36　資金繰り表の3つの収支

			1月	2月	3月	11月	12月	合計
月初繰越残高			5,000	5,000	4,000	3,500	3,500	-
経常収支	収入	売上入金	5,000	5,000	5,000	5,000	5,000	60,000
		その他収入						0
	経常収入計		5,000	5,000	5,000	5,000	5,000	60,000
	支出	仕入	3,000	3,000	[illegible]	[illegible]	3,000	36,000
		諸経費	1,500	1,500	1,500	1,500	1,500	18,000
		税金		1,000				1,500
	経常支出計		4,500	5,500	4,500	4,500	4,500	55,500
経常収支計			500	－500	500	500	500	4,500
設備収支	収入	資産売却						0
	支出	設備投資						0
設備収支計			0	0	0	0	0	0
財務収支	収入	銀行借入						0
		その他財務収入						0
	支出	銀行返済	500	500	[illegible]	[illegible]	500	6,000
		その他財務支出						0
財務収支計			－500	－500	－500	－500	－500	－6,000
合計収支			0	－1,000	0	0	0	-1,500
翌月繰越金			5,000	4,000	4,000	3,500	3,500	-

経常収支
（営業活動）

設備収支
（設備投資や売却）

財務収支
（銀行借入や返済）

会社の入金と出金だけを追っているだけだと、その会社のキャッシュフローの実態はよくわからなくなってしまいます。

そこで資金繰り表では、**経常収支、設備収支、財務収支**という3つの収支に分けて管理します。

たとえば、ある月に３０００万円の入金があって、２０００万円の出金があったとします。この月の合計収支は＋１０００万円なので儲かっている状態かというと、必ずしもそういうわけではありません。

３００万円の入金は、実は銀行から借入を行なっただけかもしれませんし、設備を売却して一時的にキャッシュが入ってきただけかもしれません。これでは会社の本当の実力がわからないということで、資金繰り表を作るときにはキャッシュのフローを3つに色分けしているのです。

この3つの収支について、詳しく見ていきましょう。

①経常収支

まず1つ目が、経常収支です。これは、**会社が日々の営業活動を行なう中で生じたキャッ**

シュフローを指します。具体的には、売上入金などの収入から、仕入や諸経費の支払い、納税といった支出を差し引くことで経常収支が求められます。

経常収支は、いわば**会社が営業活動でいくらキャッシュを生み出したかという実力**を表したものです。プラスであれば、その会社は営業活動でキャッシュを生み出すことができており、健全な状態です。逆にマイナスであれば、営業活動によりキャッシュを減らしているということになり、そもそも事業としてうまくいっていないということを表します。

②設備収支

2つ目が設備収支です。その名の通り、**設備投資に関連する収支**を指します。具体的には、新しい機械や設備の購入、店舗の新設や改装、店舗や設備の売却に伴うキャッシュの動きが含まれます。

設備収支がプラスということは、資産の売却などでキャッシュが入ったことを指します。マイナスの場合は、設備投資によりキャッシュが出たことを指します。

設備収支は単にプラスであればいいということではありません。むしろプラスだと資産を現金化して守りに入っているフェーズということでもあります。積極的に設備投資を行なっている会社であれば、通常は設備収支がマイナスになります。

③財務収支

財務収支とは、**中小企業の場合は主に銀行からの借入や返済**を指します。その他にも、役員や関連会社からの借入、出資による資金調達も財務収支に含まれます。

財務収支がプラスということは、銀行借入など資金調達を行なってキャッシュが増えたことを意味します。逆にマイナスであれば、借入金の返済を行なってキャッシュが減ったことを表します。

一般的には、財務収支がマイナスであれば、借入返済により負債を減らしているため、財務的には健全な方向に向かっているとも読み取れます。しかし一方で、他の2つの収支に対して財務収支のマイナス分が大きすぎると、借入の返済が過剰で資金繰りが圧迫されることになるので、むやみにマイナスであればいいというわけでもありません。

これら3つの収支を知ることが、**会社のキャッシュフローを見るうえでの一丁目一番地**です。最初は慣れないかもしれませんが、３つの収支に慣れると会社の財務状況も感覚的に理解しやすくなります。

私の顧問先の社長も、最初こそ「資金繰り表って何ですか？」「経常収支って何でしたっけ？」という状態でしたが、資金繰り表で管理をし始めて半年程度経つと、「あの表って、会社のお金がすごくわかりやすくなるので本当に良いですね！」と言ってくださいます。

まずは資金繰り表を見る・触れる機会を増やし、3つの収支に慣れるところから始めてみてください。

2 3つの収支から読み解く会社のタイプ5類型

資金繰り表の3つの収支を理解するために、これらの組み合わせから企業のキャッシュフローの状態を読み解く方法についてお伝えします。ここでは、店舗系ビジネスでよく見られる5つのキャッシュフローのパターンをご紹介しましょう。

①安定企業タイプ：経常収支［＋］設備収支［－］財務収支［－］
②拡大志向タイプ：経常収支［＋］設備収支［－］財務収支［＋］
③要注意タイプ：経常収支［－］設備収支［＋］財務収支［＋］
④銀行依存タイプ：経常収支［－］設備収支［－］財務収支［＋］
⑤資金繰り難タイプ：経常収支［－］設備収支［＋］財務収支［－］

以下、それぞれ説明していきます。

①安定企業タイプ

経常収支［＋］設備収支［－］財務収支［－］

営業活動による収支がプラスで、そこで生み出したキャッシュから設備投資や借入返済を行なっている状態です。経営が安定しており、**一番理想的なキャッシュフローの状態**です。

この状態が経常的に続いている会社は、自社の儲けの範囲内で設備投資を行ない、さらに借入も返済できているということなので、銀行に頼らず自社の力で成長でき、キャッシュフローも安定します。上場企業などはこういった会社も多いですが、中小企業では少数です。ゆくゆくはこの状態を目標にしてください。

②拡大志向タイプ

経常収支［＋］設備収支［－］財務収支［＋］

先ほどの安定企業タイプと同様、営業活動で収益を上げつつ、成長のために積極的な設備投資を行なっている状態です。安定企業タイプとの違いは、財務収支がプラスであることから銀行借入を増やして、設備投資のための資金を調達しているということです。

このタイプは、積極的に外部資本を活用してさらなる成長を目指しているということで、成長期の財務的には健全な状態です。積極的に店舗数を増やして成長し続けている会社はこういったキャッシュフローになります。

こうした会社は積極的な投資に成功すれば大きな利益を生むことができますが、万が一失敗したときにはその分リスクも大きくなります。したがって、拡大志向タイプの会社は**計画的なキャッシュフローの管理がより重要**になります。

リスクを極力小さくするためにも、本章でお伝えするような資金繰り表を作ったり、第2章でお伝えしたような予実管理を行なったり、設備投資の失敗によりキャッシュフローを悪化させないよう注意していく必要があります。

③要注意タイプ　経常収支【－】設備収支【＋】財務収支【＋】

ここまでお伝えした安定企業タイプと拡大志向タイプはポジティブな財務状況を表していましたが、ここからはネガティブな財務状況となります。

要注意タイプの会社は、営業活動でキャッシュを生み出せていない状況で、設備売却と銀行借入によってキャッシュフローを回している状態です。この状態だと**手元キャッシュは一時的に増加していることも多く、一見、資金繰りに余裕ができたような錯覚に陥ります**。しかし、実態は営業活動自体では稼ぐ力がない会社です。

当然、設備売却も銀行借入も限界があるので、この状態は長くは続きません。このタイプの会社は経常収支改善ができないと、やがては後述する銀行依存タイプや資金繰り難タイプに陥ってしまいます。

④銀行依存タイプ

経常収支［－］設備収支［－］財務収支［＋］

銀行依存タイプの会社は、営業活動による収益を生み出せておらず、経常収支と設備収支のマイナス分を銀行からの追加融資によってまかなっている状況の会社です。

まだ銀行から新規融資を受けられているだけ救いはありますが、それでも経常収支がマイナスで返済財源を全く稼げていない状態ですので、返済のための融資を借り続けないと資金繰りが回らない状態です。

この状態に陥ってしまっている会社は、**まだ新規融資が受けられている今のうちに経営改善に取り組まないといけません**。やがて融資が受けられなくなると一気に資金繰りが厳しくなってしまうので、融資でなんとか資金繰りが回っている間に経常収支のプラス転換ができるかどうかが肝です。

⑤資金繰り難タイプ

経常収支［－］設備収支［＋］財務収支［－］

資金繰り難タイプの会社は、営業活動による収益を生み出せておらず、銀行への返済財源をなんとか持ち前の設備を売却して捻出しているという状態です。資金繰り的には5パターンの中で最も深刻な状況です。

多くの場合、こういった会社は銀行からの新規融資を受けることができず、さらにはこれまで過度に膨らんだ借入の返済で資金繰りがままならないという状況です。かろうじて店舗撤退や設備売却で資金繰りをつないでいるものの、資金ショートも時間の問題です。

資金繰りがつながるうちに経常収支改善ができればいいですが、もしできない場合は**銀行へリスケジュール（返済条件を変更すること）の申請をして一時的に財務支出を止めること**でキャッシュを確保し、そのうえで経常収支改善に取り組んでいく必要があります。

このように、資金繰り表の3つの収支を分析することで、会社のキャッシュフローの健康状態を理解することができます。

決算書の利益を見ているだけでは、こういったキャッシュフローの状態はわかりません。

ぜひ、これら5つのパターンに当てはめて、自社のキャッシュフローがどの状態なのかを確認してみてください。

3 会計知識がなくてもできる！実績資金繰り表の作り方

ここからは、資金繰り表の作り方について解説します。資金繰り表には実績資金繰り表と予測資金繰り表がありますが、まずは実績資金繰り表の作り方からお伝えしていきます。

資金繰り表を作ると聞くと、「なんだか難しそう」「会計のことはわからないから自分にはできない」と思う方も多いと思います。実際に、財務に不慣れな方にとって、こうした作業はハードルが高そうに感じられるかもしれません。

しかし、実は**資金繰り表は会計知識がなくても簡単に作れる**のです。

では、いったいどうすればいいかというと、**通帳と現金出納帳の動きをすべて集計して科目分けする**というシンプルな方法です。試算表や決算書のような難しい資料を理解する必要はなく、単に日々の現金や預金の出入りを集計するだけで資金繰り表は完成します。

資金金繰り表を作るのに必要なのは、「すべての銀行口座の預金通帳」と「現金出納帳」

の２つです。

まずは通帳と現金出納帳を合算して、当月の入出金の一覧表を作ります。

次に、それぞれの入出金が資金繰り表のどの科目に当てはまるのかを手動で振り分けていきます。たとえば、売上の入金があれば「売上入金」に、家賃の支払いや給料の支払いがあれば「諸経費」に、といった具合で振り分けていきます。

一見とてつもなく労力が要る作業に思えそうですが、実はそうでもありません。通帳のデータはインターネットバンキングに対応していればＣＳＶで取り込めますし、エクセルの関数（ＶＬＯＯＫＵＰ）などを使えば科目分けも自動化できるので、たいして時間はかかりません。月５００行くらいの取引であれば、１～２時間程度で終わる作業です。

毎月１～２時間程度の労力で会社の複雑なキャッシュフローが見える化できるなら、費用対効果は非常に高いのではないでしょうか。もしスタッフに数字を見せることに抵抗がなければ、誰かにお願いしてやってもらうことも可能です。

科目分けができたら、各科目の合計を集計して、月次の資金繰り表に反映していきます（ここも、エクセルで月次資金繰り表への反映を自動で行なえるように計算式を組んでお

●図37　実績資金繰り表の作り方

日付	取引	入金額	出金額	残高	科目
4月3日	○○リース		200,000	4,800,000	諸経費
4月5日	○○信金 借入金 返済		300,000	4,500,000	銀行返済
4月10日	売上入金	10,000,000		14,500,000	売上入金
4月16日	保険料		50,000	14,450,000	諸経費
4月17日	役員借入	500,000		14,950,000	その他 財務収入
4月19日	役員借入 返済		500,000	14,450,000	その他 財務支出
4月20日	商品仕入		5,000,000	9,450,000	仕入
4月20日	店舗家賃		400,000	9,050,000	諸経費
4月25日	給与振込		8,000,000	1,050,000	諸経費
4月25日	○○銀行 借入金 返済		200,000	850,000	銀行返済
4月30日	車両売却	2,000,000		2,850,000	資産売却

く と時間はかかりません）。

このような方法で、日次の通帳データと現金出納帳データから月次の資金繰り表を作ることができます。私もこれまでさまざまな方法で資金繰り表を作ろうと試行錯誤してきましたが、**この方法がアナログに見えて一番早く、かつ正確に作ることができます。**

実績資金繰り表を作るときに最も重要なのは、「毎月継続して作り続ける」ということです。

資金繰り表は一度作って終わりではなく、毎月更新し続けることで初めてその効果を発揮します。キャッシュフローの状況は単月で見ても突発的な収入や支出があるためわかりにくく、数ヶ月間の流れを読むことで見えるようになります。

最初は不慣れで時間がかかるかもしれませんが、まずは3ヶ月程度続けてみてください。3ヶ月続けると、だんだんと会社のキャッシュフローがわかります。

資金繰り表に慣れてきたら、たとえば「諸経費」の中から「人件費」や「広告宣伝費」は科目を分けて管理するなど、各社の実態に応じたアレンジもオススメですので、ぜひチャレンジしてみてください。

4 1年後の口座残高がわかる！予測資金繰り表の作り方

実績資金繰り表は、過去のキャッシュフローを読み取るために有効な資料でした。それに対し、予測資金繰り表は将来のキャッシュフローを把握するために作る資料となります。

予測資金繰り表があることで、**半年後や1年後にどのくらいキャッシュが残るのかも予想できます。**

逆に予測資金繰り表がないと、このまま経営していてキャッシュは減るのか増えるのか、減る場合はいつまでキャッシュが持つのかなど、将来のキャッシュフローの予測が全くつかず、資金繰りに対するモヤモヤだけが溜まっていきます。

- **顧問税理士から「消費税納税で〇百万円必要です」と急に言われてヒヤリとした**
- **積極的に設備投資を行なった結果、手元キャッシュが一気に少なくなり焦った**

・このまま銀行返済をし続けられるかどうか、常に不安がつきまとう

もし、みなさんの中にこれらに当てはまる方がいたとすれば、**こういった悩みは予測資金繰り表を作ることで解決します。**

実際に、私の顧問先の社長も、予測資金繰り表での管理を運用し始めてから数ヶ月経って慣れてくると、「将来のキャッシュの予測ができるって、こんなに良いことなんですね。経営判断には欠かせないです！」と言ってくださるので、みなさんにも心の底から自信を持ってオススメできます。

予測資金繰り表は、以下の3ステップで作ることができます。

・ステップ１：月次損益計画を作る
・ステップ２：月次損益計画から経常収支の予測を立てる
・ステップ３：設備収支と財務収支の予測を立てる

順を追って見ていきましょう。

ステップ① **月次損益計画を作る**

予測資金繰り表を作る際には、まずは月次の損益計画を作るところから始めます。いきなり何もないところから資金繰り予測を立てるより、月次損益計画を立ててから資金繰り予測に落とし込んだほうが簡単だからです。

月次損益計画は、直近1年の実績をもとに作るのが基本です。実績の数字を無視して書くと、どうしても作成者の希望的観測が入ってしまい、絵に描いた餅の計画になってしまうので、直近1年のP／Lの推移表をベースに計画を立てていきます。

私も顧問先の社長と一緒に損益計画を作る際に痛感しますが、特に販管費の計画は実績を無視して書いてしまいがちです。「去年はこれだけかかったけど、イレギュラーだったし、今年はそんなにかからないだろう」と思って販管費の計画を立てたとしても、ほぼ必ずと言っていいほど、**フタを開けてみると何かしら突発的な支出が発生して、前年と同等レベルの経費がかかります。**

販管費の計画が甘いと、せっかくの損益計画や予測資金繰り表も意味のないものになってしまいますので、**必ず実績の数字をベースに計画を立てて、人員の増減やリース契約解**

除など必ず変わる項目だけ修正するという方法で作るのがオススメです。

もし、月次損益計画を自力で作るのが困難であれば、外部の専門家（経営コンサルタント、財務コンサルタント、中小企業診断士、公認会計士、税理士等）に協力してもらうことも検討してください。

ステップ②　月次損益計画から経常収支の予測を立てる

次に行なうのは、月次損益計画の数字を予測資金繰り表に落とし込んでいくステップです。損益計画で作った売上や販管費の数字を、予測資金繰り表の「売上入金」や「諸経費」などの科目に落とし込んでいくことで、経常収支の予測を立てることができます。

ここで注意するべきなのが、ただ単に損益計画の数字を予測資金繰り表に転記すればいいということではありません。損益計画を資金繰り計画に変換するにあたって、以下の５つのポイントを押さえる必要があります。

①入出金タイミングの調整

損益計画を予測資金繰り表に変換するにあたって、まず必要になるのが入出金タイミングの調整です。損益計画は発生主義ですが、資金繰り表は現金主義で作ります。そのため、損益計画の数字を予測資金繰り表に反映させる際には、**実際に入金・出金が行なわれるタイミングに変換する**必要があります。

たとえば、売上発生から入金までに1ヶ月かかるビジネスであれば、損益計画の売上を資金繰り表に転記する際には1ヶ月遅らせて書くというイメージです。この場合、1月に発生する売上は、資金繰り表では2月の売上入金として反映させます。

売上だけでなく仕入も同様に、支払うタイミングに合わせて修正します。3月の原価に相当する仕入を2月に支払うのであれば、損益計画上3月の原価を、資金繰り表では2月の仕入支払いとして記入します。

図38は、売上が翌々月入金、仕入（原価）が翌月支払い、諸経費が当月支払いとした例です。このように損益計画上の数字が入出金サイトを加味して資金繰り表に転記されるよう、エクセルで計算式を組んでおくと簡単です。

なお、売上の入金などで当月入金と翌月入金が混在しているような場合は、ざっくりと割合で分ける方法が有効です。たとえば飲食店で現金売上が60％、クレジット売上（翌月入金）が40％という場合、損益計画の売上を資金繰り表に転記する際に、60％が当月入金、

●図38　損益から資金繰りへの変換

	1月	2月	3月
売上高	**1,000**	**1,200**	**1,100**
売上原価	600	720	660
売上総利益	**400**	**480**	**440**
販管費	400	450	420
営業利益	**0**	**30**	**20**

損益計画

売上→翌々月
仕入→翌月
経費→当月

	1月	2月	3月
月初繰越残高	**5,000**	**4,600**	**3,550**
経常収支／収入／売上入金			1,000
経常収支／収入／その他収入			
経常収入計	**0**	**0**	**1,000**
経常収支／支出／仕入		600	720
経常収支／支出／諸経費	400	450	420
経常収支／支出／税金			
経常支出計	**400**	**1,050**	**1,140**
経常収支計	**－400**	**－1,050**	**－140**

予測資金繰り表（経常収支）

40％が翌月入金となるように振り分ければ大丈夫です。

②キャッシュアウトのない費用を考慮

たとえば減価償却費や引当金は、損益上は費用として計上されているものの、あくまでもお金が出ていくわけではありません。仮に損益計画で減価償却費が100万円計上されていたとしても、その分の費用100万円は実際にキャッシュとしては出ていかないので、資金繰り表には載せません。

このように、**損益計画で載っている費用のうち、キャッシュアウトのないものは除いたうえで資金繰り表に変換していく**必要があります。

③税抜から税込への変換

基本的に、損益計画は税抜で作ります。ただ、資金繰り表に変換する際には実際のキャッシュに合わせて税込に変換しないといけません。そのため消費税の課税対象となる科目に関しては、損益計画から予測資金繰り表に変換する際に税込に直して記載する必要があります。

たとえば、売上の入金や仕入の支払いについては、**損益計画から資金繰り表に変換する際に消費税の分10%を上乗せして記載**します。

諸経費についても、給料など非課税のものを除き、消費税分10%を上乗せして記載します。これについても、転記する際に10%の消費税が上乗せされるようエクセルで計算式を組んでおけば、楽に作成することができます。

④法人税等と消費税の納税計画を反映

損益計画を予測資金繰り表に変換するにあたって、税金の納付予定を反映させることも必要になります。

具体的には、**法人税等と消費税について、資金繰り表に事業年度終了後の納付と中間納付の金額**を入れていきます。それぞれの予定納税額がわからないという方は、顧問税理士に確認すれば教えてもらえます。

⑤未収入・未払いとなっているものを反映

最後に、未収入や未払いのものがあれば、予測資金繰り表上に忘れずに計上します。

たとえば過去に発生した売上が未収入となっており、将来的に回収が見込めそうな場合や、逆に税金や社会保険料、諸経費などで未払いになっているものがあれば、忘れずに反映させます。

ステップ③ 設備収支と財務収支の予測を立てる

ステップ②で経常収支の予測が作れたら、最後に、設備収支と財務収支の予測を立てることで、予測資金繰り表が完成します。

まずは設備収支についてです。向こう1年先くらいまでに新たな設備の購入や修繕を行なっていく予定があれば、設備支出としてその金額を記載します。

逆に、設備の売却予定があれば、設備収入としてその金額を記載します。もし設備投資や売却の予定が何もなければ、設備収支の欄は空欄となることもあります。

最後に財務収支についてです。財務収支は主に銀行からの借入や返済の動きを表します。

まずは既存の借入について、銀行から融資を受けたときにもらった返済予定表をもとに借入一覧を作るなどして、毎月の元金返済額を計算します。毎月の返済額がわかったら、あとはその金額を財務支出の「銀行返済」欄に書き込めば大丈夫です。

また、今後新たに銀行から融資を受ける予定があれば、その金額を財務収入の「銀行借入」欄に書き込みます。

他にも、ノンバンクや関連会社等、銀行以外のところから借りたり返したりしている場合は、その計画についても忘れずに書いていけば財務収支の予測が完成します。

ここまでで述べた3ステップに則って、経常収支、設備収支、財務収支の順に計画を作っていくことで、予測資金繰り表が完成します。

5 予測資金繰り表を読み解く4つのポイント

予測資金繰り表を作ることができたら、ここではその数字をどのように見ていけばいいかについて解説します。

予測資金繰り表を読み解いて経営判断に活かすためには、以下の4つのポイントを押さえて読んでください。

①資金ショートしないか
②1年後のキャッシュ残高はいくらか
③経常収支がプラスか
④経常収支が借入返済よりも大きいか

それぞれ詳しく解説していきます。

①資金ショートしないか

予測資金繰り表を読み解くポイントの１つ目が、将来的に資金がショートしないかどうかという点です。見るべき場所としては、資金繰り表の一番下の行の「翌月繰越金」です。もし仮に、予測資金繰り表の中で**どこか１ヶ所でも翌月繰越金がマイナスになっているところがあれば、すなわちそこで資金ショートしてしまう**ということになります。もちろん、資金ショートが見えているなら、このままのなりゆきで経営を続けていてはダメなので、急いで収支改善に取り組む必要があります。

逆に、予測資金繰り表を作ってみて将来の翌月繰越金がマイナスになっていなければ、ひとまず資金ショートの心配はないとわかります。とはいえ、翌月繰越金の金額が月商１ヶ月分を下回ってしまうような月がある場合は、計画にはないイレギュラーな支出が発生した途端、資金ショートに陥ってしまう可能性もあるので注意が必要です。

②１年後のキャッシュ残高はいくらか

予測資金繰り表を読み解くポイントの２つ目が、１年後のキャッシュ残高はいくらになっているかという点です。見るべき場所としては、1年後の「翌月繰越金」です。ここが現在よりどのくらい増えているか、または減っているのかを見てみてください。

1年後のキャッシュ残高がわかると、経営していて安心感も生まれますし、キャッシュから逆算して経営判断を行なっていくことも可能になります。

③経常収支がプラスか

予測資金繰り表を読み解くポイントの3つ目が、**経常収支がプラスかどうか**という点です。見るべき場所としては、「1年間の経常収支の合計」です。

1年後のキャッシュ残高が現在より増えていたとしても減っていたとしても、それだけで一喜一憂できるものではありません。仮にキャッシュが増えていても、ただ単に設備を売却してキャッシュが増えただけかもしれません。逆に1年後のキャッシュが減っていても、余剰な銀行借入を返済しただけで、実際には稼ぐ力自体はあるのかもしれません。

そこで、会社の実力を測るためには、経常収支がプラスかどうかに着目します。1年間を通して経常収支がプラスであれば、ひとまずその会社は営業活動によってキャッシュを生む力があるということで、最低限必要なラインはクリアしています。

逆にもし経常収支がマイナスの状況だと、営業活動によってキャッシュを減らしてしまっているということです。つまるところ、**営業すればするほどお金がなくなるという本末転倒な状態**です。もしこの状態に陥ってしまっている場合は、思い切って店舗撤退やリストラなど事業構造の抜本的な改革に取り組まないと資金が減っていく一方になります。

④経常収支が借入返済よりも大きいか

予測資金繰り表を読み解くポイントの4つ目が、経常収支が借入返済よりも大きいかどうかという点です。実は、経常収支はただ単にプラスであればいいということでもありません。仮に経常収支がなんとかギリギリでプラスという状況だと、そこから借入返済をした分だけキャッシュが減ってしまうことになります。

毎年キャッシュが貯まっていくようにするためには、**経常収支が借入返済額よりも大きい状態**を作らないといけません。そのために見るべき箇所は「経常収支の年間合計」と「銀行長期返済の年間合計」の2点です。

この2つを見比べたときに、**経常収支＞銀行長期返済となっていれば、キャッシュフローは健全な状態**です。営業活動によって十分なキャッシュを生み出すことができていて、生み出したキャッシュから返済ができるので、返済してもなおキャッシュが貯まる状態です。

逆に経常収支<銀行長期返済となっていると、キャッシュフロー的には要注意な状態です。会社が営業活動で稼ぐキャッシュでは返済財源をまかなうことができていないので、設備を売却するか新規借入を起こすかといった手を打たないと返済がままならなくなります。

この場合、多くは追加融資に頼ることになります。追加融資を受けて返済のための借入が増えると、一時的にはキャッシュが入ってきたとしても長期的には返済負担が増えて、さらにキャッシュフローが厳しくなってしまいます。

実は、このパターンが一番厄介です。経常収支がプラスということは、多くの場合でP／L上の利益も黒字となっており、**経営者本人としては儲かっている気になっています。**しかし、キャッシュフローを見ると毎月の返済額が大きく、結局のところ稼いだお金も銀行への返済に消えていく状態です。これでは、銀行は儲かっても、会社のお金は思うように増えていきません。

悲しいことに、店舗系ビジネスではこのような会社が少なくありません。ぜひ本項でお伝えしたような観点で予測資金繰り表を読み解いて、自社の財務状況を確認してみてください。

第6章

ケース別 キャッシュから逆算する財務経営の実践方法

CASE 1 損益計画を立てるとき

前章でお伝えした資金繰り表の読み方ができれば、会社のキャッシュフローをひもといて、財務状況を明らかにすることができます。

しかしながら、資金繰り表の価値はそれだけではありません。資金繰り表は、**経営判断のためのシミュレーションツール**として使うことでその真価を発揮し、**キャッシュフローから逆算する経営**を行なうことができます。

第6章では、これまでの集大成として、実際に資金繰り表をシミュレーションツールとして活用して経営判断を行なっていく方法について、具体的な5つのケースとともにお伝えしていきます。

A社は美容サロンを2店舗経営し、売上は年間5000万円弱。利益はほとんどトントンではあるものの、なんとか年間50万円の黒字という状況です。

リピーターも安定しており、売上は毎月一定水準で安定しています。そのため社長は「今期も前期と同じ水準の利益で着地してくれればそれで大丈夫」と考え、現状の利益を維持する損益計画を掲げていました。

ところが、予測資金繰り表を作ってキャッシュフローのシミュレーションを行なったところ、思わぬ事実が明らかになりました。

前期と同じ利益のままだったら、1年以内に資金が底をついてしまうことが判明したのです。てっきり「黒字経営だから大丈夫」と安心していたところ、現実にはキャッシュフローが回っておらず、手元資金がどんどん減っていくというリスクに直面していました。

このようなケースは、実際に多くの店舗系ビジネスで見受けられます。**利益が出ているということだけで十分だと思い込み、キャッシュフローまで意識が回っていない**のです。

A社は早いタイミングで気づけたのでよかったのですが、もしキャッシュフローが回らないことに気がつかずに「前年と同じ利益」を目標に掲げて経営していたらどうなっていたでしょうか。もしかすると、予測資金繰り表でシミュレーションしたように資金が足りなくなる危機に陥り、「黒字なのに、なぜかお金がない」と悩んでいたかもしれません。

6月	7月	8月	9月	10月	11月	12月	合計
325	230	135	40	-55	-150	-245	-
4,000	4,000	4,000	4,000	4,000	4,000	4,000	48,000
							0
4,000	4,000	4,000	4,000	4,000	4,000	4,000	48,000
75	75	75	75	75	75	75	900
3,840	3,840	3,840	3,840	3,840	3,840	3,840	46,080
							200
3,915	3,915	3,915	3,915	3,915	3,915	3,915	47,180
85	85	85	85	85	85	85	820
							0
							0
0	0	0	0	0	0	0	0
							0
							0
180	180	180	180	180	180	180	2,160
							0
−180	−180	−180	[illegible]	[illegible]	180	−180	−2,160
−95	−95	−95	[illegible]	−95	−95	−95	−1,340
230	135	40	−55	−150	−245	−340	-

資金ショートしてしまう

●図39　【CASE】損益計画を立てるとき

			1月	2月	3月	4月	5月
月初繰越残高			**1,000**	**905**	**610**	**515**	**420**
経常収支	収入	売上入金	4,000	4,000	4,000	4,000	4,000
		その他収入					
	経常収入計		**4,000**	**4,000**	**4,000**	**4,000**	**4,000**
	支出	仕入	75	75	75	75	75
		諸経費	3,840	3,840	3,840	3,840	3,840
		税金		200			
	経常支出計		**3,915**	**4,115**	**3,915**	**3,915**	**3,915**
経常収支計			**85**	**-115**	**85**	**85**	**85**
設備収支	収入	資産売却					
	支出	設備投資					
設備収支計			**0**	**0**	**0**	**0**	**0**
財務収支	収入	銀行借入					
		その他財務収入					
	支出	銀行返済	180	180	180	180	180
		その他財務支出					
財務収支計			**－180**	**－180**	**－180**	**－180**	**－180**
合計収支			**－95**	**－295**	**－95**	**－95**	**－95**
翌月繰越金			**905**	**610**	**515**	**420**	**325**

前年度と同様の
損益計画だと

その後、A社はもう一度損益計画を作り直し、前年度よりも一段高い目標設定をすることにしました。新しく作った損益計画を予測資金繰り表に落とし込むと、無事にキャッシュフローが回ることがわかり、キャッシュにひもづいた明確な計画を作ることができたためです。

この事例のように、損益計画を立てるときには、**予測資金繰り表と連動させる**ということが重要です。単に損益計画だけを作るのでは不十分なのです。

これまで何度も説明してきた通り、社長が本当に気にするべきは利益ではなくキャッシュフローです。損益計画を予測資金繰り表と連動させることで、その損益を達成した結果として、「手元のキャッシュは増えるのかどうか」「1年後に手元に残るキャッシュ額はいくらになるか」といったことがわかるようになります。

まずは現状と理想のギャップを知るためにも、**前年度の横ばいの損益計画を作ってみて、その場合にキャッシュフローがどうなるかを予測資金繰り表でシミュレーションしてみる**ことがオススメです。

これで満足のいくキャッシュフローが描けるのであれば、前年と同じ利益目標で問題ありません。

しかし、大抵の場合はそうではないはずです。前年度と同じ利益を達成していても、設備投資や借入の返済等で、「実は思ったほどキャッシュは残らない」ということに気がつくのではないでしょうか。

もし、前年度と横ばいの利益で理想のキャッシュフローが描けないのであれば、損益計画を修正する必要があります。第2章でお伝えしたように、「売上」「原価」「販管費」のそれぞれの数字にストレッチをかけて、それぞれどのように変われば理想通りのキャッシュフローが達成できるかという目標を設定します。

このように、**損益計画と予測資金繰り表を行ったり来たりしている工程を繰り返すことで、キャッシュフローにひもづく損益計画ができあがります**。これが正しい計画の作り方です。

ほとんどの社長は、損益計画を作っても、予測資金繰り表と連動させることはしていません。まずは試しに、一度やってみてください。腹落ち感が全く違うはずです。

たとえば「売上目標を立てる」ひとつを取っても、予測資金繰り表と連動させることで、理想のキャッシュを実現するには「いつまでに」「いくら」売上をあげればいいかの2点が自動的にクリアになります。

このようにしてキャッシュにひもづく損益計画が完成したら、日々取り組んでいく管理として、第2章でお伝えした毎月の予実管理を行なっていきます。予実管理を行なう中で、当初見込んでいた計画通りに利益が確保できていれば、理想のキャッシュが実現できるので、損益計画を達成するモチベーションを保ち続けることもできます。

この予実管理を習慣として毎月繰り返し行なっていくことで、翌年以降に損益計画を立てる際には、**計画の精度も格段に向上し、将来のキャッシュフローの予測精度も上がります。**

こうした習慣は一朝一夕でできるものではありませんが、まずはできる範囲・できる精度で構いません。続けることを目標に取り組んでみてください。

CASE 2

銀行から融資を受けるとき

Ｂ社は地元で20年以上続く小売店で、１店舗で年商１・５億円と大人気店。顧客も定着し、収益も安定しています。しかし、店舗の老朽化が進んできたことから、内外装や配管回りの全面リニューアルを計画することになり、改装工事費用として３０００万円を金融機関から借りる予定です。

付き合いの深い地元の信用金庫に相談したところ、提案されたのは10年返済での借入です。社長は特に気にすることなく、信用金庫が提示するままの条件で融資を受けようとしていました。

ところが、融資を受ける前に予測資金繰り表を作成し、返済が始まった後のキャッシュフローを試算してみたところ、10年返済では毎月の返済額が大きく、資金繰りに負担がかかってしまうことが判明したのです。店舗リニューアル後には売上が若干上がる見込みでしたが、その分を加味しても返済が進むごとに手元キャッシュが減っていってしまいます。

6月	7月	8月	9月	10月	11月	12月	合計
4,090	**4,410**	**4,730**	**3,550**	**3,870**	**4,190**	**3,510**	**-**
12,700	12,700	12,700	12,700	12,700	12,700	12,700	134,300
							0
12,700	**12,700**	**12,700**	**12,700**	**12,700**	**12,700**	**12,700**	**134,300**
5,080	5,080	5,080	5,080	5,080	5,080	5,080	53,720
6,700	6,700	6,700	6,700	6,700	6,700	6,700	78,800
		1,500			1,000		8,500
11,780	**11,780**	**13,280**	**11,780**	**11,780**	**12,780**	**11,780**	**141,020**
920	**920**	**－580**	**920**	**920**	**－80**	**920**	**－6,720**
							0
							30,000
[illegible]	[illegible]	[illegible]	**0**	**0**	**0**	**0**	**－30,000**
							30,000
							0
600	600	600	600	600	600	[illegible]	[illegible]
						[illegible]	[illegible]
－600	**－600**	**－600**	**－600**	**－600**	**－600**	[illegible]	**23,550**
320	**320**	**－1,180**	**320**	**320**	**－680**	**320**	**－13,170**
4,410	**4,730**	**3,550**	**3,870**	**4,190**	**3,510**	**3,830**	**-**

10年返済で
返していくと

収支マイナスが
続いてしまう

●図40　【CASE】銀行から融資を受けるとき

			1月	2月	3月	4月	5月
月初繰越残高			17,000	17,150	10,300	4,450	4,770
経常収支	収入	売上入金	12,000	8,000	0	12,700	12,700
		その他収入					
	経常収入計		12,000	8,000	0	12,700	12,700
	支出	仕入	4,800	3,200	0	5,080	5,080
		諸経費	6,700	6,300	5,500	6,700	6,700
		税金		5,000			1,000
	経常支出計		11,500	14,500	5,500	11,780	12,780
	経常収支計		500	－6,500	－5,500	920	－80
設備収支	収入	資産売却					
	支出	設備投資			30,000		
	設備収支計		0	0	－30,000	0	0
財務収支	収入	銀行借入			30,000		
		その他財務収入					
	支出	銀行返済	350	350	350	600	600
		その他財務支出					
	財務収支計		－350	－350	29,650	－600	－600
合計収支			150	－6,850	－5,850	320	－680
翌月繰越金			17,150	10,300	4,450	4,770	4,090

リニューアル実施（2月～3月）

このような事実を知り、社長は信用金庫から提示されている10年での融資を受けることは危険だと判断しました。そこで、予測資金繰り表をもとに借入のシミュレーションを行なった結果、返済期間を15年に延長することで、毎月の返済を行ないながらも無理なく資金繰りが回ることがわかりました。

その後、信用金庫に対して予測資金繰り表を見せつつ交渉を行なったところ、資金繰り表の根拠があることですんなり納得してくれて、無事に15年の条件で借入ができたのです。

この事例からわかるように、銀行から融資を受ける際には、**予測資金繰り表上で返済計画をシミュレーションして希望の借入条件を決める**ということが重要です。

たとえ銀行から提案されたとしても、その条件が必ずしも自社のキャッシュフロー上適正かどうかはわかりません。事例のB社ように、結果的に資金繰りが悪くなってしまうこともあるのです。

そのため、**銀行から融資を受けるときには、借りる前に必ずシミュレーションを行なう**ようにしてください。返済したときのキャッシュフローがどのようになるかを事前に確認しておけば、無理な借入で後々になって資金繰りに困るということは防げます。

シミュレーションの結果、もし資金繰りに負担が出てしまうのであれば、予測資金繰り表上でいろいろと数字を入れてみて条件を検討していきます。

ここで検討するべきは、「借入金額」「借入期間」「借入時期」の３つです。この３つを複数のパターンでシミュレーションしてみて、どのように借りれば返済後も問題なくキャッシュフローが回るかを検証していきます。

大事なのは、**借入条件は銀行任せにするのではなく借りる側が決める**ということです。銀行に任せて自社のキャッシュフローが悪くなったとしても、銀行は責任を取ってくれません。銀行と交渉しなかった社長の責任になってしまいます。あくまでも社長主導で希望を出して、その条件で借りられないかを交渉するのが正しい借り方です。

なお、借入条件の交渉を行なう際にも、予測資金繰り表を作ってきちんと根拠を説明できれば銀行側も納得してくれやすくなります。「こういった用途に使うので、この金額が必要です」「これだけのキャッシュが残るので、この条件であれば問題なく返済可能です」といった根拠を予測資金繰り表で具体的に示すことで、銀行とも対等に交渉ができ、新規融資や借換にも柔軟に応じてもらえる可能性が高まります。

逆に、予測資金繰り表を作らずに「とにかくもっと借りたい」「もっと良い条件で貸してくれないか」と言ったところで、何も根拠がないただのお願いだと銀行も困ってしまうだけです。

銀行から融資を受けるときには、予測資金繰り表を根拠に、ロジカルに交渉するようにしてください。

CASE 3 新店舗を出店するとき

C社は整骨院を1店舗経営しています。創業2期目にして黒字化を達成し、経営が安定したことから、2店舗目の出店を考えていました。

2店舗目で見つけた物件は立地も良く、1店舗目よりも早く黒字化が見込めると踏んで、意気揚々と出店の準備に取りかかりました。

新店舗オープンに伴う設備資金の借入を銀行に相談したところ、「1店舗目と2店舗目それぞれの損益計画がほしい」と言われて作成することになりました。1店舗目はすでに黒字化していることから今後も安定的に利益が見込め、2店舗目はオープンして半年程度経ったタイミングで軌道に乗り、黒字化する計画です。

「この損益計画でばっちりだ」と、いざ融資を申し込もうとしましたが、念のため予測資金繰り表を作ってキャッシュフローのシミュレーションをしてみることに。すると、思わぬ落とし穴に気がつきました。

6月	7月	8月	9 月	10月	11月	12月	合計
−112	−71	3	61	302	667	897	-
2,085	2,141	2,185	2,490	2,695	2,471	2,475	25,092
							0
2,085	2,141	2,185	2,490	2,695	2,471	2,475	25,092
0	0	0	0	0	0	0	0
1,965	1,987	2,004	2,126	2,209	2,119	2,121	24,721
							70
1,965	1,987	2,004	2,126	2,209	2,119	2,121	24,791
121	154	181	363	487	352	355	300
							0
							5,000
0	0	0	0	0	0	0	−5,000
							5,000
							0
80	80	122	122	122	122	122	1,170
							0
[illegible]	[illegible]	22	-122	-122	-122	-122	3,830
41	74	59	241	365	230	233	−870
−71	3	61	302	667	897	1,130	-

軌道に乗るまでの
運転資金がもたない

●図41　【CASE】新店舗を出店するとき

			1月	2月	3月	4月	5月
月初繰越残高			2,000	1,859	914	414	103
経常収支	収入	売上入金	1,400	1,508	1,616	1,934	2,092
		その他収入					
	経常収入計		1,400	1,508	1,616	1,934	2,092
	支出	仕入	0	0	0	0	0
		諸経費	1,461	2,303	2,037	2,164	2,227
		税金		70			
	経常支出計		1,461	2,373	2,037	2,164	2,227
経常収支計			−6[illegible]	−865	−421	−230	−135
設備収支	収入	資産売却					
	支出	設備投資		5,000			
設備収支計			0	−5,000	0	0	0
財務収支	収入	銀行借入		5,000			
		その他財務収入					
	支出	銀行返済	80	80	80	80	80
		その他財務支出					
財務収支計			−80	4,920	−80	−80	−80
合計収支			−141	−945	−501	−310	−215
翌月繰越金			1,859	914	414	103	−112

新店舗オープン

現在の計画では、2店舗目が軌道に乗って黒字化するまでの間にキャッシュが不足し、新店舗をオープンしてから3ヶ月後には資金ショートを起こしてしまうことがわかったのです。

2店舗目も「出店さえすればうまくいくだろう」と自信満々で進めていた社長は、オープン後の運転資金ついてはよく考えていませんでした。2店舗目が黒字化するまでの間は、1店舗目で稼いだキャッシュを食い潰すことになりますが、その間の資金を考慮しておらず、キャッシュが足りなくなることには考えが及ばなかったのです。

C社の社長は、このまま2店舗目を出店するわけにはいかないと気づき、計画を再検討しました。損益計画を堅く見積もったうえで、軌道に乗るまでの間に不足する分の資金を運転資金として追加で借りることにしたのです。

これにより、キャッシュに余裕を持った状態で新店舗をオープンすることができ、無事に2店舗目も軌道に乗せることができました。

この事例からわかるように、新店舗を出店する際にも、**予測資金繰り表で出店前後のキャッシュフローをシミュレーションする**ということが重要です。資金繰り表でシミュレーションすることで、「新店舗をオープンしてから手元キャッシュはどのように推移するのか」「どれだけの運転資金を確保するべきか」「新店舗が軌道に乗ったあとはどのくらいキャッシュを生むのか」といったことがわかるようになります。

もし、このシミュレーションで満足がいくようなキャッシュフローが描けなければ、**投資や調達の計画を見直すことで解決できないか**を探ります。たとえば、「初期投資額を抑えることができないか」「銀行から運転資金の借入を増やすことができないか」といった検討です。

こういったシミュレーションにより、「新店舗をオープンした結果、資金繰りが苦しくなる」というリスクは最小限に抑えることができます。

事例で挙げたＣ社も、予測資金繰り表を作ったことでキャッシュフローが回らないことに気がつき、運転資金を確保する手を打つことができました。もし、資金繰り表を作らずに「新店舗を出したい」と焦る気持ちに身を任せて出店していたら、大変なことになっていたかもしれません。

いざ新規出店後に資金が足りなくなったとしても、もうその頃には銀行も相手にしてくれず、手遅れになる可能性もあります。ただでさえ新店舗オープンで忙しい中、人件費や家賃支払いのための資金をまかなうのに必死で、心身ともに余裕のない日々を過ごすことにもなりかねません。

新規出店の際には、**予測資金繰り表を用いたキャッシュフローの予測は絶対に必要**です。ついつい新店舗を出したい気持ちが勝ってしまい、「細かい数字はいいや」と目を背けたくなりますが、そこはぐっとこらえて冷静にキャッシュフローの予測を立てることが、新規出店で失敗しない極意です。

4

CASE 4

不採算店舗を撤退するとき

D社は小売店舗を5店舗経営しており、これまで順調に多店舗展開を進めていました。あるとき、6店舗目となる新店を開いたものの、思ったほど顧客が集まらず売上低迷が続き、新店単体では毎月大幅な赤字となっていました。

社長は「まだ出店して間もないし、今後は売上が上がるかもしれない」という期待を抱き、店舗撤退にはなかなか踏ん切りがつかず悩んでいましたが、いつまでも不採算店舗を放置しているわけにはいきません。

そこで、このまま新店舗の売上が伸びるのを待っていていいのか、それとも撤退したほうがいいのか、経営判断を行なうために予測資金繰り表を作成してみることにしました。

その結果、このまま6店舗目を維持し続けると、あと10ヶ月程度で会社のキャッシュが底をついてしまうことがわかりました。そこで、今後の売上が期待通りに改善した想定で損益計画を立ててみましたが、それでも売上アップを待っている間に資金ショートするの

6月	7月	8月	9 月	10月	11月	12月	合計
4,050	**3,100**	**2,150**	**1,200**	**250**	**-700**	**-1,650**	**-**
38,500	38,500	38,500	38,500	38,500	38,500	38,500	462,000
							0
38,500	**38,500**	**38,500**	**38,500**	**38,500**	**38,500**	**38,500**	**462,000**
20,000	20,000	20,000	20,000	20,000	20,000	20,000	240,000
17,800	17,800	17,800	17,800	17,800	17,800	17,800	214,600
							200
37,800	**37,800**	**37,800**	**37,800**	**37,800**	**37,800**	**37,800**	**454,800**
700	**700**	**700**	**700**	**700**	**700**	**700**	**7,200**
							0
							0
0	**0**	**0**	**0**	**0**	**0**	**0**	**0**
							0
							0
1,650	1,650	1,650	1,650	1,650	1,650	1,650	19,800
							0
−1,650	**−1,650**	**−1,650**	**−1,65**	[illegible]	[illegible]	**50**	**−19,800**
−950	**−950**	**−950**	**−950**	**−950**	**−950**	**−950**	**−12,600**
3,100	**2,150**	**1,200**	**250**	**−700**	**−1,650**	**−2,600**	**-**

利益改善できないなら
ここで資金ショート

●図42　【CASE】不採算店舗を撤退するとき

			1月	2月	3月	4月	5月
月初繰越残高			10,000	10,550	8,900	6,450	5,000
経常収支	収入	売上入金	39,000	36,000	40,000	39,000	38,500
		その他収入					
	経常収入計		39,000	36,000	40,000	39,000	38,500
	支出	仕入	19,000	17,000	23,000	21,000	20,000
		諸経費	17,800	18,800	17,800	17,800	17,800
		税金		200			
	経常支出計		36,800	36,000	40,800	38,800	37,800
	経常収支計		2,200	0	－800	200	700
設備収支	収入	資産売却					
	支出	設備投資					
	設備収支計		0	0	0	0	0
財務収支	収入	銀行借入					
		その他財務収入					
	支出	銀行返済	1,650	1,650	1,650	1,650	1,650
		その他財務支出					
	財務収支計		－1,650	－1,650	－1,650	－1,650	－1,650
合計収支			550	－1,650	－2,450	－1,450	－950
翌月繰越金			10,550	8,900	6,450	5,000	4,050

は免れません。

そこで思い切って、店舗を撤退した場合の予測資金繰り表も作ってシミュレーションを行ないました。すると、確かに会社全体の売上は下がりますが、それ以上に仕入代や販管費が大幅に削減され、将来のキャッシュフローは改善されることがわかりました。

こういったシミュレーションの数字から、社長はすぐに撤退することを決意。傷口が大きく広がる前に経営を立て直すことができたのです。


この事例から言えることとして、店舗撤退を検討する際には、**撤退前後のキャッシュフローの変化をシミュレーションすることで、根拠を持って撤退の判断が行なえる**ということです。

店舗撤退を検討する際には、まずは「撤退せず現状が続いた場合」を仮定して予測資金繰り表を作成してみるとわかりやすいです。これにより、**店舗撤退をしない場合に「いつ・いくらまでキャッシュが減るのか」、または「いつ資金ショートするのか」**を把握することができます。

そのうえで、改善の効果を資金繰り表でシミュレーションします。たとえ今は赤字店舗だとしても、今後損益が改善されて黒字店舗に変わることもありえます。もし改善の見込みがあるなら、改善された想定で損益計画を立ててみて、それを予測資金繰り表に反映させます。

これにより、キャッシュがつながるうちに損益改善が見込めることが確認できれば、撤退ではなく継続という選択肢も残るかもしれません。

しかし、それでもなかなか将来の改善が見込めない、あるいは改善が見込める前にキャッシュフローが尽きてしまうということであれば、思い切って早期に撤退の検討を行なうことも必要です。

その際には、撤退に伴う一時的な支出や収入を予測資金繰り表に織り込み、将来のキャッシュフローを予測します。店舗撤退にはスケルトン戻しの費用がかかったり、物件の解約通知をしたあと、すぐ退去ができず向こう数ヶ月間は家賃が発生したりと、追加で支出が発生するケースもあります。逆に、敷金・保証金が返還されたり、譲渡する場合には譲渡代金が入ってきたりと、収入が見込めるケースもあります。

こういった**一時的な支出や収入も予測資金繰り表に落とし込んで、撤退した場合にキャッシュフローがどう推移するかを試算**します。

もし、撤退によって一時的に費用がかさみ資金ショートしてしまう場合は、当然ですが、そのままでは撤退の決断はできません。逆に、撤退に伴う一時的な費用を加味してもキャッシュフローが回り、結果として資金繰りが安定するのであれば、いよいよ撤退の決断を行なうことになります。

店舗撤退は社長にとって大変な決断ですが、予測資金繰り表を使って撤退前後のキャッシュフローの変化をシミュレーションすることで、**最適なタイミングで撤退の決断をすることができ、致命傷は回避できます**。

感情に流されず冷静に判断を行なうためにも、予測資金繰り表に基づいて判断を行なうようにしてください。

5

CASE 5

資金繰りが悪いとき

E社は飲食店を6店舗経営しており、コロナ禍で大幅な収益低下に苦しみ、経営不振に陥りました。それから努力を重ねて、年間売上4億円、営業利益250万円と黒字化に成功しましたが、それでもまだ不十分という状況でした。

手元キャッシュは3800万円ありましたが、月商換算するとおよそ1ヶ月分程度。この規模の会社にしては心許ない金額です。さらにコロナ禍で借入も膨らみ、毎月150万円弱の返済を続けているため、キャッシュも減っていく一方です。

このまま返済を続けた場合の予測資金繰り表を作成したところ、9ヶ月後には資金ショートする状況だということがわかりました。

そこで、E社は資金ショートを免れるために資金繰り表上で検討を重ねたところ、1年間のリスケジュール（元金返済ストップ）をすることで、なんとか年内の資金ショートは回避できることが判明。元金返済を一時的に止めることにより時間的な猶予ができるので、その間にどうやって経常収支を改善していくかを考え、経営改善計画を作りました。
そして、経営改善計画と予測資金繰り表をもとに、取引銀行を回ってリスケジュールの交渉を受け入れてもらい、なんとか当面の資金繰りはつなぐことができました。

この例からわかることとして、資金繰りが悪いときも、**予測資金繰り表上でシミュレーションすることで、どんな行動を取ればいいか考えられる**ということです。**将来の資金繰りに少しでも不安を感じたときは、何よりもまずは予測資金繰り表を作成してください**。たとえ将来いつか資金が尽きるにしても、その日がいつ訪れるのかがわかれば、それに対する改善の打ち手もより具体的に考えることができます。

E社の例だと、手元キャッシュは3800万円程度あり、一見すると大きな問題はないように思えます。しかし、実際には毎月の資金繰りは厳しく、あと9ヶ月で資金ショートしてしまうという状況でした。E社は予測資金繰り表を作ったことで早く予兆に気づくことができ、銀行に早期にリスケジュールを申し込んで改善の余地を残すことができました。

もしE社が資金繰り表を作らず、「3800万円もあるから大丈夫」と余裕ぶっていたらどうでしょう。**いざ気がついたときにはもう手遅れで、リスケジュールをしても手元**

キャッシュが少なく、収支改善も難航してしまうという可能性もありました。

とにもかくにも、「資金繰りが悪いかも」と思ったときはできるだけ早く予測資金繰り表を作って、いつまで資金が持つのかを見極めなければいけません。

そのうえで、資金ショートを回避するための経営改善に取り組んでいくことになるのですが、ここでついつい陥ってしまいがちなのが、「売上を上げてなんとかしよう！」というように経常収支改善で資金繰りをつなごうとすることです。

もちろん、売上アップなどの経常収支改善は絶対的に必要なのですが、こと資金ショートが数ヶ月後に見えている状況では得策ではありません。

一般的に、経常収支の改善は取り組んだ当月や翌月からすぐに効果が出るものではありません。そもそも、頑張ってその月にすぐに売上が上がるなら、資金繰りが悪くなる前にすでにやっているはずです。そのため、資金繰りが悪い中でやみくもに「売上拡大！」と躍起になるのは実は間違いで、取り組む順番が違います。

では、何から手をつけるべきかというと、**一番優先的に行わなければいけないのは財務収支の改善**です。つまり、銀行からの借入を見直すなどの金策に走るということです。

6月	7月	8月	9月	10月	11月	12月	合計
14,540	14,440	14,340	9,240	9,140	9,040	3,940	-
36,000	36,000	36,000	36,000	36,000	36,000	36,000	432,000
							0
36,000	36,000	36,000	36,000	36,000	36,000	36,000	432,000
10,000	10,000	10,000	10,000	10,000	10,000	10,000	120,000
26,100	26,100	26,100	26,100	26,100	26,100	26,100	313,200
		5,000			5,000		30,000
36,100	36,100	41,100	36,100	36,100	41,100	36,100	463,200
-100	-100	-5,100	-100	-100	-5,100	-100	-31,200
							0
							0
0	0				0	0	0
							0
							0
							2,960
							0
0	0	0	0	0	0	0	−2,960
−100	−100	−5,100	−100	−100	−5,100	−100	−34,160
14,440	14,340	9,240	9,140	9,040	3,940	3,840	-

元金返済を止めれば
資金繰りがつながる

●図43 【CASE】資金繰りが悪いとき

			1月	2月	3月	4月	5月
月初繰越残高			38,000	36,420	19,840	19,740	19,640
経常収支	収入	売上入金	36,000	36,000	36,000	36,000	36,000
		その他収入					
	経常収入計		36,000	36,000	36,000	36,000	36,000
	支出	仕入	10,000	10,000	10,000	10,000	10,000
		諸経費	26,100	26,100	26,100	26,100	26,100
		税金		15,000			5,000
	経常支出計		36,100	51,100	36,100	36,100	41,100
	経常収支計		-100	-15,100	-100	-100	-5,100
設備収支	収入	資産売却					
	支出	設備投資					
	設備収支計		0	0	0	0	0
財務収支	収入	銀行借入					
		その他財務収入					
	支出	銀行返済	1,480	1,480			
		その他財務支出					
	財務収支計		－1,480	－1,480	0	0	0
合計収支			－1,580	－16,580	－100	－100	－5,100
翌月繰越金			36,420	19,840	19,740	19,640	14,540

検討する順番としては、①新規融資、②借換、③リスケジュールの順です。

まずは新規で融資をしてくれる、あるいは既存で借りている融資の借換に応じてくれる銀行がないかを探します。しかし現実問題、資金繰りが悪い会社に対して新規融資や借換に応じてくれる銀行は少ないでしょう。いろいろと銀行を回っても、すべて断られてしまうことも多くあります。

銀行から新規融資や借換を断られたら、いよいよリスケジュールの交渉に移ります。

銀行への返済を止めるというと大きな抵抗があって当たり前かとは思いますが、それでも資金繰りに与える影響は絶大です。仮に毎月１００万円返済している会社であれば、リスケジュールを実施した月からすぐ、毎月１００万円がキャッシュフローにプラスの効果として出てきます。このように即効性のある手段ですので、**資金繰りに困ったら、まずは真っ先に財務収支から手をつける**ということを覚えておいてください。

リスケジュールの判断を行なうのは、実際の現場では非常に難しいことです。どうしても「まだなんとかなるかもしれない」という思いが出てきますし、また、「なんとかリスケジュールせずに乗り切りたい」という気持ちも出てきます。

私の顧問先でも、資金繰り改善に取り組む中でリスケジュールしようかどうか迷いましたが、予測資金繰り表をもとに社長さんと何度も話し合った結果、「売上アップを図って、なんとかリスケジュールせずに乗り切る」という決断をした会社がありました。

その後1年で、売上は若干の改善はしましたが、思いもよらぬイレギュラーな出費が発生し、結局1年経ったそのときになってリスケジュールをすることになりました。

結果論ではありますが、結局のところ、当初にリスケジュールをしておいたほうがよかったのか、それともリスケジュールをせずに粘っていたほうがよかったのか、何が正解だったのかはいまだにわかりません。

しかし、確かに言えることが1つだけあります。それは、**将来のキャッシュフローの予測ができないと、経営の判断材料がない**ということです。仮にリスケジュールをするにしてもしないにしても、判断の根拠になるのは予測資金繰り表です。これがないと、議論もできずに一向に事態は進みません。

将来のキャッシュフローを予測しながら改善案を検討していくことで、地に足をつけて具体的な改善策を考えられるようになります。

おわりに

本書では、一貫してキャッシュフローの重要性についてお話ししてきました。つまるところ、**財務とは、キャッシュフローから逆算して今何をやるべきかを考えていくこと**だと考えています。

財務と聞くと、なんだか難しい財務分析とか、細かい理論とかを想像される方も多いかもしれません。とっつきにくくて思わず避けてしまいたくなる方もいると思います。しかし、実は難しい分析も細かい理論も、中小企業にはさほど必要ないのです。

では、いったい何が必要になるかというと、「キャッシュフローから逆算する」という考え方だけです。1年後・半年後のキャッシュフローを見える化し、それに基づいて、今何をするべきかを決める。これこそが、財務を活かした経営そのものです。

試しに想像してみてください。

もし、1年後の口座残高がいくらかになるか、今のうちから予測できたらどうでしょうか。資金繰りに対する不安や悩みは減り、今よりももっと前向きに経営に取り組める気がしてきませんか？

私も、財務顧問として顧問先の支援をする中で、キャッシュフローを見える化することの大きな意義を実感しています。

ある会社では、キャッシュフローを見える化したところ、社長と幹部社員が「現状のままではまずい」という事実をはっきりと理解し、経営に対する意識が変わりました。その結果、売上は1・5倍に伸び、毎月の利益もコンスタントに増加しました。

また、別の会社では、「これまでは不安で夜も眠れなかった」と悩む社長が、「将来の資金繰りが予測できたことで気持ちが楽になり、頑張ろうと思えるようになりました」と、前向きなモチベーションを持ってもらうこともできました。

キャッシュフローの見える化というと、なんだかすごいことのように聞こえますが、要はここまでにお伝えした資金繰り表を作り、キャッシュフローをもとに社長や幹部社員と話し合っているだけです。

たったこれだけのことですが、社長や幹部社員が自社の財務状況を正しく把握できるようになり、「このままじゃいけない」と目の色が変わった瞬間を何度も見てきました。

さらに、将来のキャッシュフローから逆算して考えられるようになることで、今順調な会社はますます成長を加速させることだってできます。「あといくらまで広告投資に回していいのか」「どのタイミングで新店舗を出したらいいか」「各店舗の利益はいくら出せばいいか」など、攻めの戦略もキャッシュフローをもとに考えることができるようになります。

このように、将来のキャッシュフローを見渡して、そこから逆算して今何をするべきかを考えることで、**守りの意味でも攻めの意味でも大きな効果が出る**と確信しています。

少し前に「データドリブン経営」という言葉が流行りました。データドリブン経営とは、「データをもとに意思決定を行なうことで成果を上げる」という経営手法です。

これにちなんでいうと、本書でお伝えした財務のノウハウは、キャッシュをもとに意思決定を行なうことで成果を上げる「**キャッシュドリブン経営**」と呼ぶことができます。この「キャッシュドリブン経営」こそ、私が本書で伝えたいことであり、まさに**中小企業の**

経営を劇的に変えるものだと信じています。

私が財務の道にのめり込むようになったのは、26歳のときに独立開業してから一番はじめに受けた相談がきっかけでした。あるサービス業を経営されている社長からの相談で、最初は補助金の相談を受けていたつもりが、話を聞いているうちに「このままだと銀行への返済ができない」という重い資金繰りの話にどんどん変わっていったのです。

「こんな話、従業員に気づかれるわけにはいかない」

「妻にもまだ言えていない」

目の前でこのように語る社長を見て、そこで初めて資金繰りの悩みの重さを知りました。同時に、「資金繰りの悩みを解決できる専門家にならないと」という強い使命感も抱きました。

せっかくやりたいことや強い想いがあって起業したのに、いざ起業後に資金の悩みで頭がいっぱいになるなんて、そんなことはあってはいけません。並々ならぬ覚悟で起業したのですから、活き活きとやりたいことができるような経営をしていただきたいのです。

そのためにたどり着いたのが、「キャッシュフローをもとに逆算して考える」ということです。

キャッシュフローから逆算して経営判断を行なうことで、資金繰りの不安や悩みから解放され、前向きな経営ができるようになります。

さらに、資金の心配に悩むことなく、自身のビジョンを実現するために地に足のついた行動計画が立てられるようになるのです。

財務には経営そのものを良くする、ひいては社長や社員の人生そのものを良くする力があると本気で思っています。

もしこの本をきっかけに財務に興味を持ってくださった方は、ぜひ、資金繰り表を作るところから実践してみてください。

本書がみなさんにとって新たな気づきとなり、今後の経営に少しでも役立つきっかけになれば、著者としてこれ以上うれしいことはありません。

株式会社Confires、ＯＳＡ行政書士事務所 代表　越阪部龍矢

著者略歴

越阪部 龍矢（おさかべ たつや）

店舗専門の財務コンサルタント、株式会社Confires代表取締役／OSA行政書士事務所代表
1995年埼玉県所沢市生まれ。筑波大学社会国際学群卒。大学時代にアルバイト先の飲食チェーン店が倒産したことをきっかけに経営に興味を持つ。その後、行政書士・財務コンサルタントとして26歳で独立開業。業界でも数少ない「店舗ビジネス×財務」の専門家として、年間200社以上の資金調達・資金繰り相談を実施し、年50社以上の事業計画書作成を行なう。現在は飲食店、サロン、調剤薬局、ジムなど9社の財務顧問（社外CFO）を務め、深く財務に携わっている。そのほか、商工会議所やフランチャイズ本部、士業向けスクールでのセミナー登壇、YouTube「店舗経営者のための財務チャンネル」での発信など幅広く活躍中。

【お問い合わせ】
株式会社Confires／OSA行政書士事務所
https://osagyousei.com/

YouTube「店舗経営者のための財務チャンネル」
www.youtube.com/@osagyousei

キャッシュフローから逆算する！
店舗ビジネス「財務」の教科書

2025年3月21日　初版発行

著　者 ―― 越阪部龍矢

発行者 ―― 中島豊彦

発行所 ―― 同文舘出版株式会社

東京都千代田区神田神保町1-41　〒101-0051
電話　営業03（3294）1801　編集03（3294）1802
振替00100-8-42935
https://www.dobunkan.co.jp/

ISBN978-4-495-54179-8

印刷／製本：萩原印刷

Printed in Japan 2025